Gottschalk

Altberliner Kirchen

in historischen Ansichten

Wolfgang Gottschalk

ALTBERLINER KIRCHEN

in historischen Ansichten

Koehler & Amelang · Leipzig

Gottschalk, Wolfgang:
Altberliner Kirchen in historischen Ansichten/
Wolfgang Gottschalk. – Leipzig: Koehler & Amelang, 1985. –
200 S.: 205 Abb. (z. T. farb.), 2 Ktn.; 27 cm

1. Auflage

Lizenz-Nr. 295/275/2708/85 · D 170/84 · LSV 8126
Printed in the German Democratic Republic
Lichtsatz: INTERDRUCK Graphischer Großbetrieb Leipzig – III/18/97
Offsetreproduktion: Druckerei Neues Deutschland, Berlin
Druck: H. F. Jütte (VOB), Leipzig
Betrieb der ausgezeichneten Qualitätsarbeit
Buchbinderische Verarbeitung: VOB Kunst- und Verlagsbuchbinderei, Leipzig
Gestaltung: Eberhard Kahle, Bautzen
698 289 8
06400

Inhaltsverzeichnis

Vorbemerkung

Berlin besaß und besitzt noch heute – wie wenige andere deutsche Städte – Kirchenbauten aller Stilepochen, vom Mittelalter bis zur Gegenwart. Seit der Gründung Berlins vor 750 Jahren sind viele von ihnen zum Teil mehrfach umgebaut und dadurch radikal verändert, abgerissen oder im zweiten Weltkrieg vernichtet, aber auch nach 1945 wiederaufgebaut und restauriert worden. Vom vielfältigen äußeren Wandel der Sakralbauten im historischen Zentrum Berlins, also innerhalb der zwischen 1735 und 1802 geschaffenen Stadt- und Zollmauer, die Berlin und Kölln, Friedrichswerder und Neukölln, Dorotheen- und Friedrichstadt, Spandauer, Königs-, Stralauer und Köpenicker Vorstadt umschloß, soll dieses Buch anhand historischen Bildmaterials aus mehreren Jahrhunderten Vorstellungen vermitteln. Damit wird nicht nur Kirchenbau- und Stadtgeschichte noch vor den Jahren 1237 und 1244, in denen Kölln beziehungsweise Berlin erstmalig urkundlich genannt sind, anschaulich gemacht, sondern zugleich Berliner Kunstgeschichtsentwicklung vielfältig belegt, indem verschiedenartige künstlerische Darstellungsformen des Berliner Stadtbildes unter Einschluß der Fotografie herangezogen werden.

Das Buch beschränkt sich bewußt auf den für die Kirchengründungen im historischen Zentrum Berlins wichtigsten Zeitraum zwischen dem Mittelalter und der Mitte des 19. Jahrhunderts. Es stellt damit alle bis zur Schinkelnachfolge entstandenen Sakralbauten in Wort und Bild vor. Von den nachfolgend entstandenen Gotteshäusern sind zudem keine bemerkenswerten künstlerischen Darstellungen, gleich welcher Gattung, vorhanden.

Die Bildauswahl wurde so getroffen, daß nicht nur anhand einiger häufiger veröffentlichter, sondern vor allem auch zahlreicher weniger oder gar nicht bekannter Gemälde, Grafiken und fotografischer Aufnahmen ein inhaltlich und formal reichhaltiges Spektrum geboten wird. Dabei ging es dem Autor nicht nur darum, die verschiedenen Bauphasen der einzelnen Kirchen zu dokumentieren, sondern nach Möglichkeit künstlerisch wichtige und prägnante Darstellungen der unterschiedlichsten Genres vom Barock bis zum Impressionismus in einer sinnvollen und zugleich abwechslungsreichen Folge zusammenzustellen. Dabei werden die Kirchen in einer Reihenfolge vorgestellt, die den jeweiligen ersten Baubeginn als Ausgangspunkt nimmt.

Das Ziel, alle bedeutenden Berliner Künstler, die sich der Architekturmalerei gewidmet haben, im Bildteil mit wenigstens einem Beispiel vorzustellen, konnte nicht immer verwirklicht werden. Trotzdem vereint das Buch eine Vielzahl bemerkenswerter und reizvoller Abbildungen von Kirchenbauten unserer Stadt, die zwischen der Mitte des 17. und dem Anfang des 20. Jahrhunderts geschaffen wurden.

Die Beispiele der Malerei und Grafik werden ergänzt durch Fotografien, die zwischen 1860 und 1930 entstanden sind. Dem Bildteil sind Erläuterungen zugeordnet, die über die Baugeschichte und die bis zum zweiten Weltkrieg geschaffene Ausstattung aller im Bild dargestellten Kirchen informieren. Dabei werden ganz bewußt die kleineren und zerstörten Bauten ebenso eingehend behandelt wie die großen bekannten Gotteshäuser, die heute noch existieren. Zur Veranschaulichung der Erläuterungen wurden Grundrisse beigegeben, überwiegend nach Vorlagen aus dem Werk »Berlin und seine Bauten« von 1896. Weitere Orientierungshilfen sollen dem Leser das Personenregister, die Literaturhinweise sowie die beiden für dieses Buch gezeichneten Karten bieten, aus denen die Standorte der Kirchen im Jahre 1860 und im heutigen Zentrum der DDR-Hauptstadt ersichtlich sind, womit vielleicht auch eine Anregung zum Vergleich von Bild und Original gegeben wird.

Die Bildauswahl konnte nur durch die Nutzung der reichen Sammlungsbestände des Märkischen Museums getroffen werden, das durch seine Unterstützung die Herausgabe dieses Buches besonders gefördert hat. Ein großer Teil der abgebildeten Gemälde, Grafiken und Fotografien aus dem Besitz des kulturhistorischen Museums der Stadt Berlin wird hier erstmalig publiziert. Weitere Museen aus der DDR sowie aus Berlin (West) haben die Genehmigung zur Reproduktion von Kunstwerken aus ihrem Besitz erteilt, wodurch der Bildteil ergänzt und bereichert werden konnte. Der Dank des Herausgebers gilt in diesem Zusammenhang vor allem den Staatlichen Schlössern und Gärten Potsdam-Sanssouci sowie dem Meßbildarchiv des Instituts für Denkmalpflege der DDR, außerdem der Nationalgalerie der Staatlichen Museen zu Berlin, dem Hugenotten Museum Berlin, der Galerie Neue Meister der Staatlichen Kunstsammlungen Dresden, der Verwaltung der Staatlichen Schlösser und Gärten Berlin (West), dem Kupferstichkabinett und der Nationalgalerie der Staatlichen Museen Stiftung Preußischer Kulturbesitz Berlin (West). Der Verlag Koehler & Amelang, Leipzig, unterstützte die oft komplizierten Vorarbeiten und ermöglichte die Realisierung des Gesamtvorhabens.

Wolfgang Gottschalk

Zur Geschichte der Kirchenbaukunst in Berlin

Von der Entwicklung der Berliner Kunst im Verlauf von acht Jahrhunderten legen nicht nur die Kirchenbauten in eindrucksvoller Weise Zeugnis ab, sondern in gleicher Weise die seit dem Mittelalter geschaffene und gewachsene Ausstattung der Gotteshäuser. Tafel- und Wandmalereien, Stein-, Holz- und Metallplastiken gehören dazu ebenso wie Beispiele der verschiedensten Gattungen des Kunsthandwerks von der Goldschmiedekunst bis zur Glasmalerei, von der Glockengießer- bis zur Orgelbaukunst.

Das Besondere der Berliner »Kirchenlandschaft« ist ihre stilistische Vielfalt, weniger die außergewöhnliche Qualität von Einzelbauwerken. Denn unsere Stadt besitzt keinen romanischen oder gotischen Bau vom kunsthistorischen Rang etwa der Klosterkirchen von Jerichow, Lehnin und Chorin, der Dome von Brandenburg und Havelberg oder der großen Stadtkirchen von Wilsnack, Prenzlau, Brandenburg und Frankfurt/Oder. Die Berliner Beispiele märkischer Backsteingotik nehmen sich im Vergleich mit diesen imposanten Sakralbauten alle relativ bescheiden aus – und das auch entsprechend der politischen, ökonomischen und kulturellen Bedeutung der Stadt im Mittelalter.

Heute vermögen in Berlin nur noch die Kirchenbauten einen geschlossenen Überblick über die Entwicklung der verschiedenen Architekturstile vom Mittelalter bis zum 20. Jahrhundert zu geben – und das trotz der Vernichtung oder Beschädigung zahlreicher wichtiger Beispiele im zweiten Weltkrieg. Was an Profanbauten der verschiedenen Epochen in Berlin vorhanden war, ist vor allem im Laufe der letzten hundert Jahre zerstört worden – zuerst in der sogenannten Gründerzeit, als wertvolle, bis ins Mittelalter zurückreichende historische Bausubstanz oft ohne Berücksichtigung denkmalpflegerischer Belange rücksichtslos für vielfach maß- und stillose Neubauten geopfert wurde. Vom Baufieber der Hauptstadt des 1871 gegründeten Kaiserreiches blieben allerdings auch die Kirchenbauten nicht verschont: einige wurden abgerissen – etwa die Gertrauden- und die Waisenhauskirche –, andere wurden umgebaut oder auch durch historisierende Neubauten ersetzt – so die Georgenkirche und der Dom. Die wechselvolle Geschichte der Berliner Gotteshäuser wird allerdings nicht nur durch die Umbauten im vorigen Jahrhundert gekennzeichnet, sondern durch wiederholte Umgestaltungen bereits seit dem Mittelalter und schließlich durch die Bemühungen des 20. Jahrhunderts um die stilgerechte Wiederherstellung und den mühevollen Wiederaufbau nach dem zweiten Weltkrieg.

Die ältesten erhaltenen, wenn auch auf uns nicht mehr in ursprünglicher Gestalt überkommenen Bauwerke Berlins sind die Nikolaikirche und die Franziskanerklosterkirche aus dem 13. Jahrhundert sowie die Marienkirche und die Heiliggeistkapelle aus dem 14. Jahrhundert. Einen Eindruck von der romanischen Architektur geben dabei lediglich noch Reste im Westbau der Nikolaikirche, wenn man von den insgesamt 15 noch vorhandenen Dorfkirchen mit Feldsteinmauerwerk aus dem 13. Jahrhundert außerhalb des alten Berlins absieht. Bei den mittelalterlichen Gotteshäusern der Stadt handelt es sich dagegen ausnahmslos um gotische Backsteinbauten. Als künstlerisch bedeutendste Leistung der Gotik in Berlin gilt die Klosterkirche mit ihrer schönen Chorlösung, die ihr Vorbild in den großen Kirchen der Mark Brandenburg hat, etwa der Zisterzienserklosterkirche von Chorin. Die reicher gestalteten gotischen Giebel der Petrikirche und der ehemaligen Dominikanerkirche wurden bereits im 18. Jahrhundert abgerissen.

Beachtenswerte Beispiele mittelalterlicher Wandmalerei blieben in der Nikolaikirche mit dem Jüngsten Gericht und vor allem mit dem Totentanz in der Marienkirche erhalten. Der Grabstein des Conrad von Belitz und die Bauplastik der Klosterkirche gehören zu den ältesten Zeugnissen Berliner Kunstgeschichte. Das spätgotische Chorgestühl der Klosterkirche wurde im zweiten Weltkrieg vernichtet.

Zu Ende des Mittelalters gab es in der Doppelstadt Berlin-Kölln drei Pfarr- und zwei Klosterkirchen, eine kurfürstliche Kapelle im Schloß und vier städtische Kapellen – Bauten, von denen allerdings bis ins 20. Jahrhundert nur die Hälfte stehenblieb.

Auch der Renaissancezeit genügten noch diese mittelalterlichen Kirchen, deren Innenausstattung allerdings wesentlich bereichert wurde, beispielsweise durch die Kötteritzsche Grabkapelle in St. Nikolai und das Röbelsche Grabmal in St. Marien. Auswärtige Künstler schufen bedeutende Werke, so die Nürnberger Gießerfamilie Vischer das Grabmal für den Kurfürsten Johann Cicero, das 1545 aus der Klosterkirche Lehnin in den Berliner Dom übergeführt wurde. Auch aus der Werkstatt Lucas Cranachs gelangten Tafelgemälde in Berliner Kirchen. Der aus Sachsen stammende Caspar Theiß begann 1538 einen Schloßneubau, zu dem auch die mit Renaissanceelementen geschmückte Erasmuskapelle gehörte.

Von den Bauten sowie den Werken der Malerei und Plastik des 17. Jahrhunderts blieb relativ wenig erhalten, so etwa das Sparrsche Grabmal in der Marienkirche. Dagegen führte der Übertritt des Kurfürsten Johann Sigismund zum Calvinismus im Jahre 1613 zu einem großen Bildersturm in den Gotteshäusern der Stadt.

Der nächste Kirchenneubau entstand erst 140 Jahre nach der Erasmuskapelle mit der Dorotheenstädtischen Kirche. Die Aufnahme der Réfugiés, der französischen Protestanten, nach Verkündung des Edikts von Potsdam durch Kurfürst Friedrich Wilhelm am 8. November 1685 hatte auch die Errichtung mehrerer neuer Gotteshäuser zur Folge. Bei diesen Kirchen für die rund 20 000 nach Brandenburg – Preußen eingewanderten Hugenotten handelte es sich allerdings um künstlerisch anspruchslose Bauten mit sparsamer Ausstattung.

Mit der Erhebung Berlins zur königlich-preußischen Residenzhauptstadt im Jahre 1701 begann ein ökonomischer Aufschwung, der sich auch in einer zunehmenden, vor allem auf barocke Repräsentation ausgerichteten Bautätigkeit widerspiegelte. 1709 wurden die fünf Magistrate von Berlin, Kölln, Friedrichswerder, Dorotheenstadt und Friedrichstadt zu einem Berliner Magistrat vereinigt. Die Einwohnerzahl war auf 57 000 angestiegen und hatte sich damit innerhalb von drei Jahrzehnten fast vervierfacht.

Mit der Stadterweiterung Anfang des 18. Jahrhunderts setzte unter dem ersten preußischen König Friedrich I. auch ein umfangreicher protestantischer Kirchenbau ein. Es entstanden vor dem Köpenicker Tor die Luisenstädtische Kirche, die Parochialkirche, die Deutsche und die Französische Kirche auf dem Gendarmenmarkt, die Garnisonkirche, die Waisenhauskirche vor dem Stralauer Tor und die Sophienkirche. Diese Barockbauten sind mit Namen von Künstlern wie Martin Grünberg, Johann Arnold Nering und Jean de Bodt verbunden. Auf Andreas Schlüter gehen – bis auf die im Schloß eingerichtete Alte Kapelle – keine Sakralgebäude, aber Barockplastiken zurück, die zu den eindrucksvollsten der Kunstgeschichte überhaupt gehören: die Kanzel in der Marienkirche, die Prunksarkophage im Dom und das Männlichsche Grabmal in der Nikolaikirche.

Wesentlich gefördert wurde der Kirchenbau auch vom Soldatenkönig Friedrich Wilhelm I., so durch die Zentralanlagen der Dreifaltigkeits- und der Bethlehemskirche für emigrierte böhmische Protestanten. Sein Interesse galt vor allem der Errichtung hoher Turmbauten – Parochial- und Sophienkirche –, mit denen er allerdings bei der Petri- und der Jerusalemer Kirche kein Glück hatte, da statt massiver Oberbauten aus Sparsamkeitsgründen nur Holzkonstruktionen geschaffen wurden. Hauptbaumeister dieser Zeit waren Philipp Gerlach, Johann Friedrich Grael sowie die Schlüterschüler Friedrich Wilhelm Diterichs und Martin Heinrich Böhme.

Unter Friedrich II. wurden ein neuer Dom am Lustgarten, die katholische Hedwigskirche und die beiden Kuppeltürme auf dem Gendarmenmarkt, prägnante Beispiele friderizianischer Architektur, in Formen eines spätbarocken Klassizismus errichtet. Ihre Schöpfer waren Johann Boumann und Karl von Gontard, daneben Johann Gottfried Büring, Georg Christian Unger und Georg Wenzeslaus von Knobelsdorff. Auch führende Maler der Zeit wie Christian Bernhard Rode und Antoine Pesne und Bildhauer wie Georg Franz Ebenhecht, Pierre Antoine Tassaert und Wilhelm Christian Meyer wirkten an der Ausstattung der Sakralbauten mit.

Das erste Beispiel der Neogotik in Berlin war der von Carl Gotthard Langhans entworfene Turmaufsatz für St. Marien, während Johann Gottfried Schadow mit dem Grabmal des Grafen von der Mark ein frühes Hauptwerk der klassizistischen deutschen Plastik schuf.

Eine neue Periode des Kirchenbaus in Berlin begann erst wieder nach 1830 mit dem Klassizismus unter Karl Friedrich Schinkel. Auf Schinkel gingen nicht nur die Entwürfe für die Friedrichswerdersche Kirche, die Domneugestaltung und die vier nördlichen Vorstadtkirchen – neben der Elisabethkirche vor dem Rosenthaler Tor die Johanneskirche in Moabit, die Nazarethkirche auf dem Leopoldplatz und die Paulskirche auf dem Gesundbrunnen – und für mehrere nicht ausgeführte Gotteshäuser zurück, sondern auch verschiedene Umbauten. Im Sinne der neuerwachten Denkmalpflegebestrebungen – Schinkel hatte bereits 1815 die Schaffung besonderer Behörden zu diesem Zweck gefordert – veranlaßte er auch die Restaurierung der Gertraudenkirche und der Jerusalemer Kirche sowie der Erasmuskapelle im Schloß, das heißt, eine möglichst stilgerechte Wiederherstellung von Bauten der deutschen Vergangenheit als Ausdruck nationaler Gesinnung. In diesem Sinne nahm Schinkel auch auf die Umbauten der Nikolai- und der Sophienkirche Einfluß. Seine Pläne für einen Dom auf dem Spittelmarkt als Erinnerungsbau an die Freiheitskriege, für den Neubau der Petrikirche, für die Umgestaltung der Französischen und der Deutschen Kirche auf dem Gendarmenmarkt sowie für das Innere der Franziskanerklosterkirche wurden jedoch nicht verwirklicht. Außerdem hat sich Schinkel, anknüpfend an die Traditionen der märkischen Backsteingotik, um die Wiederbelebung des Backsteinbaues auch im Sakralbereich verdient gemacht.

Um die Mitte des 19. Jahrhunderts zeigte sich Friedrich Wilhelm IV. am Bau neuer Gotteshäuser in romantisierendem Stil und in Anlehnung an altchristliche Vorbilder interessiert und nahm persönlich auf die Bauplanungen mit eigenen Zeichnungen Einfluß. Aus der Schinkelschule, die noch bis nach 1870 die Berliner Architektur prägte, wurden im Kirchenbau vor allem Friedrich August Stüler, Johann Heinrich Strack und August Soller wirksam. Die Markus-, Bartholomäus-, Jakobi- und die Matthäuskirche sowie die neue Schloßkapelle von Stüler, die Petri- und die Andreaskirche von Strack sowie die Michaelkirche von Soller bestimmten das Stadtbild um die Mitte des 19. Jahrhunderts wesentlich mit. Dazu kamen noch Bauten wie die Thomaskirche von Friedrich Adler und die Kirche des Bethanienkrankenhauses am Mariannenplatz von Ludwig Persius sowie die Lukaskirche in der Bernburger Straße von Stüler. In dieser Nachfolge Schinkels stehen auch noch die Um- bzw. Neubauten der Luisenstädtischen und der Dorotheenstädtischen Kirche oder der Jerusalemer Kirche durch Edmund Knoblauch, dessen Vater Eduard Knoblauch die Synagoge in der Oranienburger Straße entworfen hatte.

Der Einfluß Schinkels und seiner Schüler endete mit dem Eindringen der Neorenaissance in die vor allem auf Repräsentation zielende umfangreiche Bautätigkeit der Gründerjahre seit etwa 1875. Neben Formen der Renaissance wurden bald ebenso die der Romanik, der Gotik und des Barocks einzeln oder oft auch in verschiedenartigsten Vermischungen gleichermaßen für öffentliche Bauten, Mietshäuser und Kirchen verwendet, wofür man gerade in Berlin noch heute zahlreiche charakteristische Beispiele findet. Neben solchen Bauwerken, die ihre stilistischen Vorbilder unschöpferisch kopierten, gab es aber auch bemerkenswerte eigenständige architektonische Leistungen in allen Bereichen – erinnert sei hier an die von August Orth, Johannes Otzen, Max Spitta oder Franz Schwechten entworfenen Sakralgebäude. Als zwei repräsentative Beispiele des Historismus auf dem Gebiet des Kirchenbaues in Berlin sind innerhalb dieses Buches der neue Dom von Julius Raschdorff und die Georgenkirche von Johannes Otzen vertreten.

An der Ausstattung der Gotteshäuser des 19. Jahrhunderts waren zahlreiche namhafte Künstler der Stadt beteiligt, so beispielsweise die Bildhauer Johann Gottfried Schadow, Christian Daniel Rauch und Friedrich Tieck sowie die Maler Karl Begas, Wilhelm Wach und Julius Schrader. An der »Ausschmückung« der neoromanischen, neogotischen und neobarocken Kirchen – an erster Stelle auch hier der Dom – wirkten schließlich oft mehrere Dutzend Bildhauer und Maler sowie große Werkstätten und Firmen mit. Denn allein in den ersten acht Jahren seiner Regentschaft ließ Kaiser Wilhelm II. 23 evangelische und fünf katholische Kirchen sowie zwei Synagogen in den verschiedensten Stilformen errichten.

Erst das 20. Jahrhundert brachte allmählich eine Abkehr von den überlieferten Formen und die Hinwendung zu zweckgerechter Bauweise auch im Sakralbereich, die sich auch in der Materialverwendung widerspiegelt. Fritz Höger, Fritz Bräuning, Otto Rudolf Salvisberg und Otto Bartning errichteten in den zwanziger Jahren in den Berliner Außenbezirken bedeutende Kirchen. In der Berliner Innenstadt entstanden im 20. Jahrhundert keine neuen Sakralbauten mehr – außer der katholischen St.-Adalbert-Kirche in der heutigen Wilhelm-Pieck-Straße, 1933 von Clemens Holzmeister erbaut, durch den auch die Hedwigskathedrale eine Umgestaltung im Innern mit Anklängen an die sogenannte Neue Sachlichkeit erfuhr.

Schwere Beschädigung und restlose Vernichtung zahlreicher Gotteshäuser waren die Folge des zweiten Weltkrieges. Die Wiederherstellung einiger der wichtigsten von ihnen ist eine große, verantwortungsvolle und komplizierte, bis in unsere Tage hineinreichende Aufgabe der Denkmalpflege in der DDR.

Traditionen der Berliner Stadtbild-darstellung

Erst um die Mitte des 17. Jahrhunderts wurde die Stadt Berlin, Residenz der Kurfürsten von Brandenburg, Gegenstand verschiedenartigster bildlicher Darstellungen.

Der Festungsbaumeister Johann Gregor Memhardt entwarf 1648 einen perspektivisch angelegten Plan der Doppelstadt Berlin-Kölln. Die erste bekannte reine Stadtansicht Berlins schuf 1652 Caspar Merian für die berühmte »Topographia Electoratus Brandenburgici«. Ihm folgte 1688 Johann Bernhard Schultz mit einer großen perspektivischen Gesamtansicht der Stadt, auf der die Sakralbauten zur besonderen Hervorhebung überhöht dargestellt sind. Von Johann Stridbeck stammt eine um 1690 entstandene Serie von 20 Aquarellen und Pinselzeichnungen, bei denen es sich um die ältesten erhaltenen Abbildungen von Einzelgebäuden, Straßen und Plätzen Berlins handelt.

In größerem Umfang interessierten sich aber erst im Laufe des 18. Jahrhunderts Maler für das Antlitz ihrer Stadt und dessen Wandel. Das 1701 zur königlich-preußischen Residenzstadt erhobene Berlin stellen Dismar Dägen, Pieter Schenck oder Johann Friedrich Walther in künstlerisch teilweise noch recht anspruchsloser Weise dar. Die erhebliche äußere Entwicklung und den künstlerischen Aufschwung Berlins unter der Regentschaft Friedrichs II. von 1740 bis 1786 spiegeln zahlreiche Gemälde und Grafiken von Johann Friedrich und Carl Traugott Fechhelm, Johann David Schleuen d. Ä., Johann Georg Rosenberg, Johann Friedrich Meyer und Philipp Hackert wider. Maler wie Peter Ludwig Lütke, Wilhelm Barth, Franz Catel, Friedrich August Calau und Johann Friedrich Nagel, besonders aber Karl Friedrich Schinkel mit seinen zahlreichen, auch als Stadtdarstellungen bedeutenden Bauzeichnungen, sind dem Klassizismus verpflichtet.

Ihren künstlerischen Höhepunkt und eine ausgesprochene Blütezeit erlebte die Berliner Architekturmalerei dann in der Biedermeierzeit und fand in Eduard Gaertner ihren hervorragendsten Vertreter. Im Verlauf von über einem halben Jahrhundert – zwischen 1816 und 1870 – hat Gaertner nicht nur bekannte repräsentative Gebäude in vielen Variationen dargestellt, sondern auch Fabriken und Manufakturen, Bahnhöfe und Bahnanlagen, Hinterhöfe und Barrikaden der Revolution von 1848. Neben ihm waren es vor allem Friedrich Wilhelm Klose, Johann Heinrich Hintze, Johann Erdmann Hummel, Wilhelm Brücke, Carl Freydank, Eduard Biermann, Edmund Rabe, Maximilian Roch, Carl Ahlborn und Carl Graeb, die mit oft minutiöser Genauigkeit und Detailliebe immer wieder Berlin mit seinen historischen Straßen und Plätzen, vor allem aber mit den vielen, jeweils neu entstandenen Bauwerken gezeichnet, gestochen und gemalt haben. Ein bevorzugter Gegenstand dieser ungewöhnlich vielfältigen, wenn auch künstlerisch nicht immer gleichwertigen Architekturmalerei waren neben den Schlössern und Palais vor allem die zahlreichen Gotteshäuser der Stadt.

Eine exakte Darstellung der topographischen Situation, oft mit origineller Staffage, ist auch noch bei Malern des Spätbiedermeiers wie Albert Schwendy, August von Rentzell, Eduard Pape, Paul Andorff und Paul Graeb vorherrschend – Einflüsse moderner Malerei, beispielsweise des Impressionismus, sind bei ihnen kaum spürbar.

Mit der verstärkten Verbreitung und Vervollkommnung der fotografischen Aufnahmetechnik nahm das

Interesse an gemalten Stadtansichten merklich ab. An die Stelle der sachlichen Vedute trat immer mehr die dokumentarisch getreue und unbestechliche Fotografie. Trotzdem reizte es auch weiterhin bedeutende Künstler, das Berliner Stadtbild unter verstärkter Einbeziehung der Landschaft darzustellen: von Adolph von Menzel und Karl Blechen über Franz Skarbina und Lesser Ury, Max Liebermann und Hans Meid, Max Slevogt und Lovis Corinth bis zu Hans Baluschek und Otto Nagel, Gustav Wunderwald und Werner Heldt. Einzelgebäude – so auch Kirchen – erscheinen allerdings seltener als Motive, und die früheren, Detailtreue und fotografische Genauigkeit anstrebenden Wiedergaben wurden seit der Mitte des 19. Jahrhunderts zunehmend von freieren Darstellungen abgelöst.

Maler wie Walter Leistikow und Karl Hagemeister oder später Philipp Franck haben sich in ihrem Werk fast ausschließlich der märkischen Landschaft gewidmet. Die Tradition der biedermeierlichen Architekturmalerei setzten nur noch wenige Künstler fort, Ende des 19. Jahrhunderts in erster Linie Julius Jacob d. J., außerdem Hermann Lüders, Gottlob Theuerkauf und Christian Wilhelm Allers, Anfang des 20. Jahrhunderts dann Ulrich Hübner, Otto Heinrich, Otto Antoine und Paul Paeschke. Die künstlerisch bedeutenderen, vom Expressionismus beeinflußten Stadtbilder von Erich Heckel, Ernst Ludwig Kirchner, Oskar Kokoschka, Max Beckmann und Ludwig Meidner dagegen stehen nicht mehr in einer direkten Nachfolge der sachgetreuen Vedutenmalerei.

Für die ab 1839 aufkommende und sich schnell entwickelnde Fotografie wird die Architektur in Berlin erst um 1860 zum Abbildungsgegenstand – zuvor diente sie hauptsächlich Porträtaufnahmen im Atelier und nur in Einzelfällen sogenannten Ereignisdarstellungen. Charakteristisch für die zunächst relativ nüchterne Architekturfotografie sind in Berlin die zwischen 1855 und 1906 entstandenen zahlreichen Aufnahmen von F. Albert Schwartz. Auch bei Hermann Rückwardt, Georg Bartels, Hugo Rudolphy, Ernst von Brauchitsch und anderen Fotografen bis zum Anfang des 20. Jahrhunderts überwiegt die sachbetonte, in erster Linie dokumentarische Abbildung des Objektes. Architekturaufnahmen von bedeutenderem ästhetischem Reiz – etwa von Waldemar Titzenthaler oder Max Missmann, Walter Seegert oder Friedrich Seidenstücker – entstanden in größerem Umfang erst nach 1900. Die Fotografie hatte sich inzwischen technisch vervollkommnet und gleichzeitig zur Fotokunst mit eigenen künstlerischen Gesetzmäßigkeiten entwickelt. Hervorragenden Fotografen gelang es jetzt ebenso wie bedeutenden Malern, das Wesen des Berliner Stadtbildes zu erfassen, ja sogar atmosphärische Stimmungen wiederzugeben. Nicht nur Bauwerke werden »in unnachahmlicher Treue« abgebildet, sondern Tages- und Jahreszeit, Standort und Perspektive, fototechnische und fotochemische Möglichkeiten ganz bewußt für die Bildgestaltung gewählt und genutzt.

Die von Albrecht Meydenbauer 1885 gegründete Königlich Preußische Meßbildanstalt – seit 1922 Staatliche Bildstelle Berlin – fertigte unzählige Innen- und Außenaufnahmen wichtiger Gebäude in Berlin und anderen Städten, die nicht nur von erheblichem, oft unersetzbarem dokumentarischem Wert sind, sondern vielfach auch von wesentlichem fotokünstlerischem Rang. Neben typischen Meßbildern – die Photogrammetrie wurde zur exakten Größen- und Formbestimmung von Objekten allein durch fotografische Bilder entwickelt – gibt es auch von Berliner Kirchen verschiedene ausgesprochen »malerisch« gesehene Aufnahmen, deren Fotografen einen nicht hoch genug einzuschätzenden Beitrag zur Stadtbilddarstellung geleistet haben. Zusätzlichen Wert und speziellen Reiz gewinnen die fotografischen wie alle anderen künstlerischen Darstellungen, die dieser Band vereinigt, aber auch durch die Wiedergabe des jeweiligen Zeitkolorits, des historischen Umfeldes, das als untrennbarer Bestandteil erst das Typische, das Unverwechselbare des Berliner Stadtbildes ausmacht und so Etappen der kulturgeschichtlichen Entwicklung Berlins widerspiegelt.

Tafeln

Nikolai-kirche

1
Johann Heinrich Hintze,
Die Nikolaikirche in Berlin.
Ölgemälde, 1827

2
Die Nikolaikirche.
Kolorierter Kupferstich, um 1745

3
Chorumgang in der Nikolaikirche.
Fotografie, 1919

4
Der Nikolaikirchplatz hinter
der Nikolaikirche.
Fotografie von F. A. Schwartz,
um 1875

5
Friedrich Wilhelm Klose,
Innenansicht der Nikolaikirche.
Stahlstich von H. Fincke, um 1830

6
Das Männlichsche Grabmal von
Andreas Schlüter in der
Nikolaikirche. Fotografie, 1919

7
Carl Graeb, Innenansicht der
Nikolaikirche zu Berlin.
Aquarell, 1862

8
Die Nikolaikirche, von der
Stralauer Straße 47/48 aus gesehen.
Fotografie, 1878

9
Blick durch das Gitter der
Krautschen Grabkapelle in der
Nikolaikirche. Fotografie, 1919

10
Julius Jacob, Inneres der Nikolaikirche.
Aquarell, 1886

11
Die Nikolaikirche von Südwesten.
Fotografie von Max Missmann, 1904

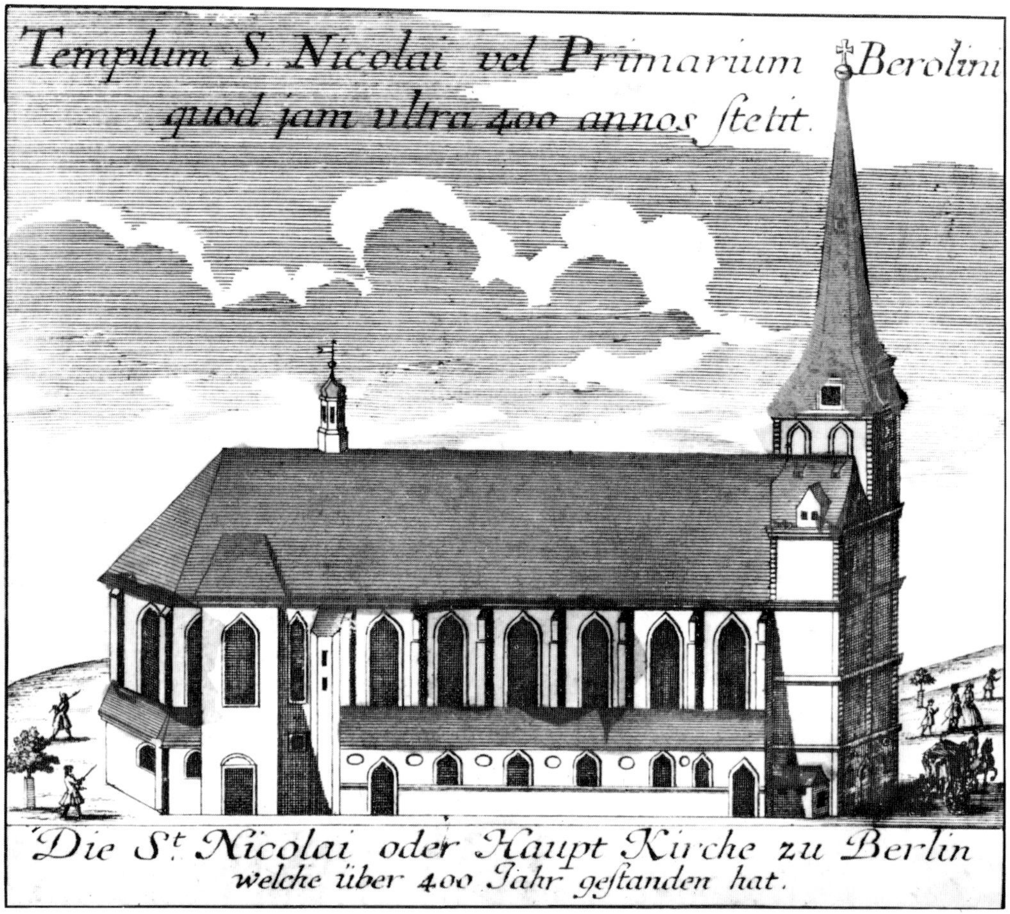

2

3

4

5

6, 7

8, 9

10, 11

PETRI-KIRCHE

12
Johann David Schleuen,
Die Petrikirche mit neuem Turm, der 1730 durch Blitzschlag zerstört wurde.
Kupferstich, um 1760
13
Johann David Schleuen,
Seitenansicht der Petrikirche.
Kupferstich, 1730
14
Johann David Schleuen,
Brandruinen am Petrikirchplatz vom 29. Mai 1730. Kupferstich, 1730
15
Johann David Schleuen, Die Petrikirche von 1733. Kupferstich, um 1760
16
Johann Georg Rosenberg,
Der Köllnische Fischmarkt
mit Petrikirche.
Kolorierter Kupferstich, 1785
17
Franz Catel, Die Petrikirche von der Brüderstraße aus gesehen.
Kupferstich von L. W. Hüllmann, 1808
18
Die Petrikirche. Fotografie von Max Missmann, 1904
19
Eduard Gaertner, Die Brüderstraße in Berlin mit Petrikirche.
Ölgemälde, 1863
20
Inneres Langhaus der Petrikirche
nach Osten.
Fotografie, um 1920

Nro. 1.
St. Petri Kirche in Cölln an der Spree.
a. Fenster, aus welchem abgeblasen würde, b. das Kernmesersche Gewölbe. c. Fenster zum Illigschen Gewölbe innerhalb des Thurms. d. Kirchthür nach der Bruderstraße. e. Sacristey f. Kirchen Bibliothec. g. Eingang zur Sacristey von außen. h. Aufgang zu einigen Chören in der Kirche. i. Petrus mit einem Schlüßel statt der Fahne.

13

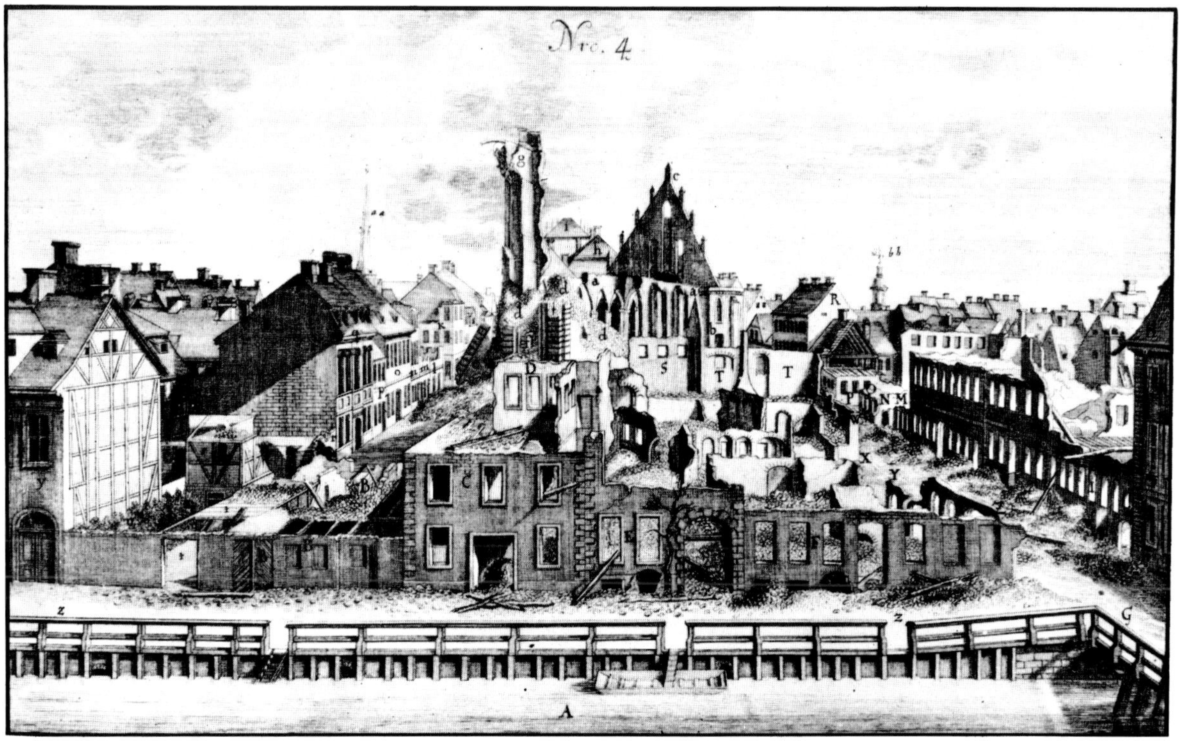
Nro. 4

14

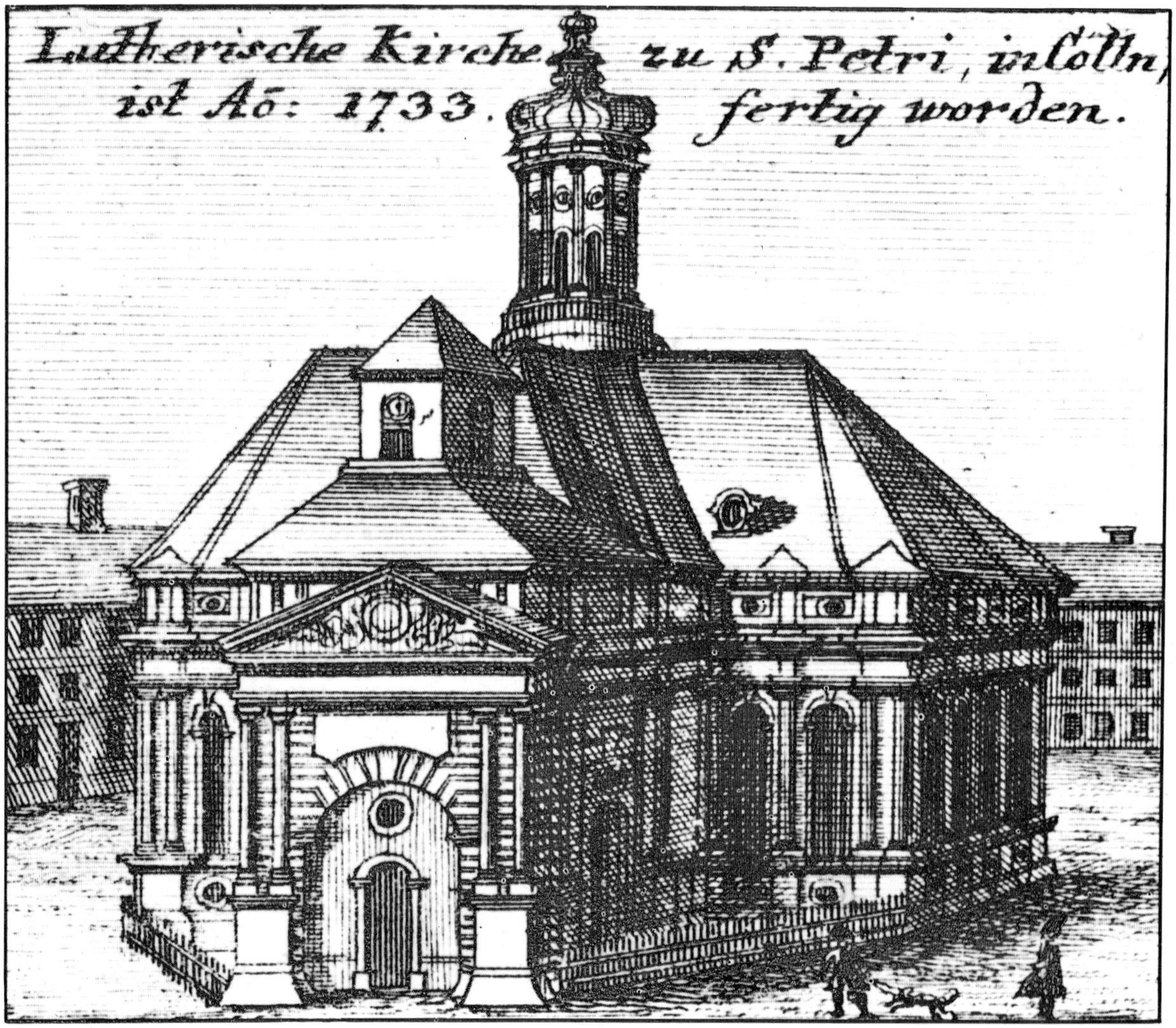
Lutherische Kirche zu S. Petri, in Cölln,
ist Aō: 1733. fertig worden.

15, 16

17

1
2

FRANZISKANER-KLOSTERKIRCHE

21
Johann David Schleuen, Die Kirche zum Grauen Kloster in Berlin um 1740. Kupferstich, um 1760
22
Zwei Heiligenfiguren in der Franziskanerklosterkirche. Fotografie, 1919
23
Adolph von Menzel, Predigt in der alten Klosterkirche zu Berlin. Ölgemälde, 1847
24
C. T. Gregorovius, Die Klosterkirche von Südwesten. Bleistiftzeichnung, 1848
25
Schwartz, Die Klosterkirche und die Streit'sche Stiftung. Stahlstich von Barber, 1832
26
Carl Würbs, Die Klosterstraße mit der Franziskanerklosterkirche. Stahlstich von G. M. Kurz, um 1850
27
Eduard Gaertner, Das Innere der Kirche zum Grauen Kloster. Wasserfarben auf Papier, 1844
28
Chorgestühl der Franziskanerklosterkirche. Fotografie, 1919
29
Grabplatte des Conrad von Belitz in der Franziskanerklosterkirche. Fotografie, 1910
30
Inneres der Franziskanerklosterkirche mit Blick zur Orgel. Fotografie, 1919

21

2

23

24, 25

26, 27

28, 29, 30

MARIEN-KIRCHE

31
Die Marienkirche.
Kolorierter Kupferstich, um 1745

32
Friedrich Wilhelm Klose,
Das Innere der Marienkirche.
Aquarell, um 1827

33
Johann Heinrich Hintze,
Der Neue Markt mit Marienkirche.
Ölgemälde, 1828

34
Johann Georg Rosenberg,
Der Hackesche Markt mit der
Marienkirche im Hintergrund.
Kolorierter Kupferstich, 1787

35
Carl Gotthard Langhans, Entwurf
zum Turm der Marienkirche.
Aquarellierte Federzeichnung, um 1789

36
Die Kanzel der Marienkirche von
Andreas Schlüter. Fotografie, 1919

37
Julius Jacob, Glöckner in der
Marienkirche vor dem Sparrschen
Grabgitter. Aquarell, 1889

38
Julius Jacob,
Predigt in der Marienkirche.
Aquarell, um 1890

39
Choransicht der Marienkirche
von Südosten. Fotografie, 1886

40
Inneres der Marienkirche mit Blick
zur Orgel. Fotografie, 1910

41
Die Marienkirche vor Abbruch der
Häuser am Neuen Markt.
Fotografie von Wilhelm Hermes, 1882

42
Choransicht der Marienkirche
von Nordosten.
Fotografie von F. A. Schwartz, 1893

43
Die Marienkirche mit Neuem
Markt und Luther-Denkmal.
Fotografie von Max Missmann, 1904

31

3

33

35, 36

37, 38

39, 40

41, 42, 43

Georgen-kirche

44
Die Georgenkirche in der Königsstadt.
Kolorierter Kupferstich, um 1745

45
Friedrich August Calau,
Die Georgenkirche in der Königsstadt.
Kolorierter Kupferstich, 1797

46
Johann David Schleuen,
Die Georgenkirche von 1714.
Kupferstich, um 1760

47
J. Wilhelm, Die Georgenkirche.
Lithographie, um 1857

48
Die Georgenkirche.
Fotografie, 1886

49
Das Hauptschiff der Georgenkirche.
Holzstich nach dem Entwurf
von J. Otzen, um 1898

50
Die Altarapsis der Georgenkirche.
Fotografie von Hugo Rudolphy, 1898

51
Johannes Otzen,
Entwurf für die Georgenkirche.
Lavierte Bleistiftzeichnung, 1893

52
Georgenkirche.
Fotografie von Max Missmann, 1904

44, 45

Lutherische S. Georgen-Kirche
in der Berlinischen Vorstadt
vorm Königs Thor. erbauet
ohngefehr ums Jahr 1333.
erweitert 1689. der Thurm
ist 1714. fertig worden

46
47

48

49, 50

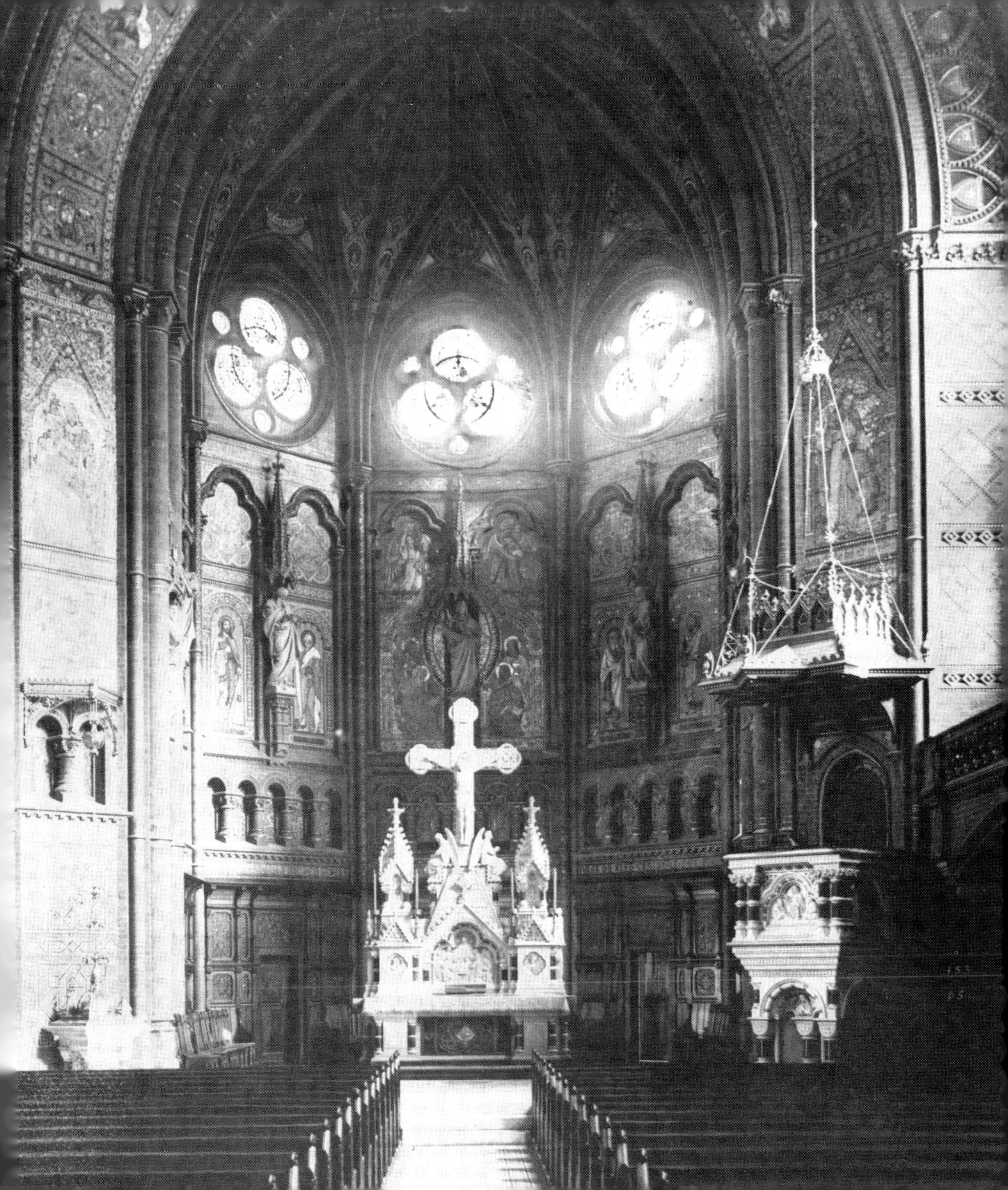

51, 52

Heiliggeist-kapelle

53
Innenraum der Heiliggeistkapelle
mit Blick zur Kanzel. Fotografie von
Ernst von Brauchitsch, 1904

54
Innenraum der Heiliggeistkapelle
mit Blick zur Orgel. Fotografie von
Ernst von Brauchitsch, 1904

55
Die Spandauer Straße mit Heiliggeist-kapelle und Handelshochschule.
Fotografie von Max Missmann, 1911

56
Die Heiliggeistkapelle in der
Spandauer Straße. Fotografie von
Ernst von Brauchitsch, 1904

57
Ludwig Leopold Müller,
Die Heiliggeistkapelle in der
Spandauer Straße. Aquarell, um 1820

merei
Ecke

56, 57

DOMINIKANER-KLOSTERKIRCHE

58
Caspar Merian, Die ehemalige Dominikanerklosterkirche. Radierung, um 1650

59
Johann Friedrich Walther, Die ehemalige Dominikanerklosterkirche auf dem Schloßplatz. Federzeichnung, um 1737

58

5

Gertrauden-Kirche

60
J. M. F. Schmidt,
Die Gertraudenkirche im Jahre 1690.
Aquatinta, 1835
61
Johann David Schleuen,
Die Gertrauden-Hospitalkirche im
Jahre 1711. Kupferstich, um 1760
62
Die Gertraudenkirche vor dem
Abbruch. Fotografie von Hermann
Rückwardt, 1880
63
Eduard Gaertner,
Der Spittelmarkt mit der
Gertraudenkirche. Ölgemälde, 1833

60

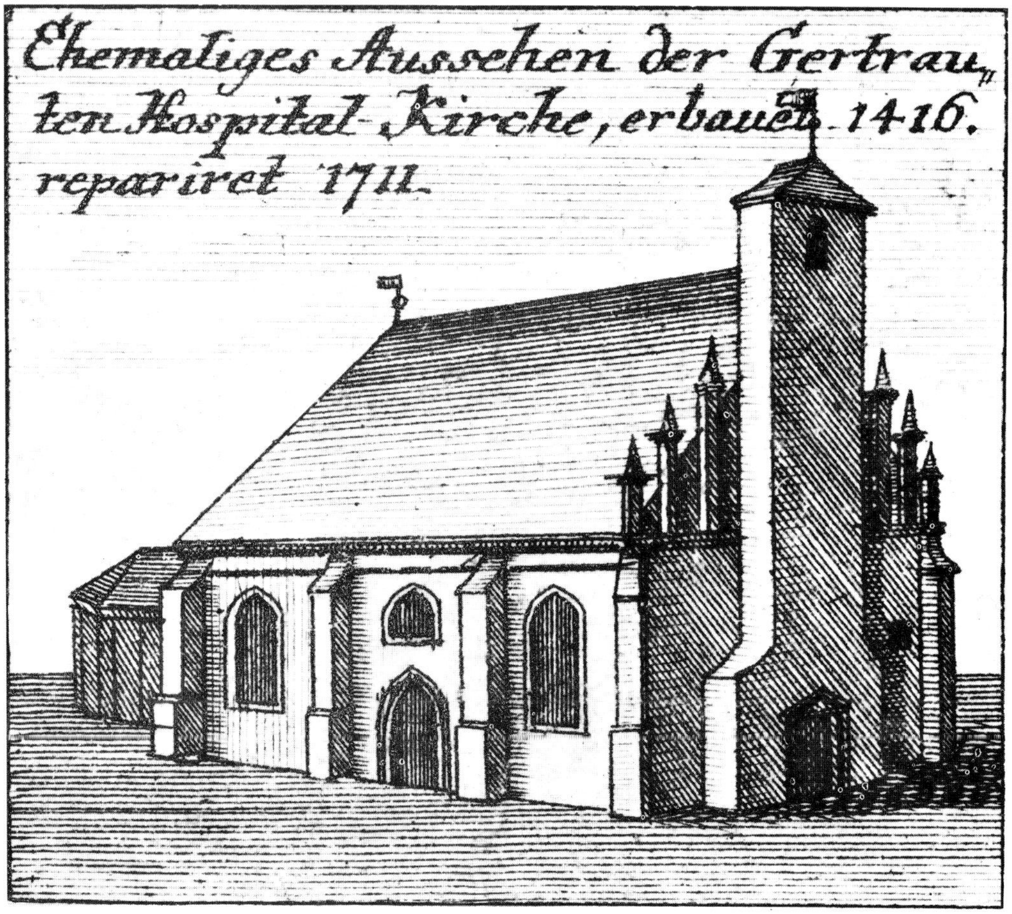

61

62, 63

Kapellen im Berliner Schloss

64
Blick auf die Spreeseite des Schlosses von Südosten mit Erasmuskapelle und »Grünem Hut«. Fotografie, 1916

65
Erasmuskapelle und »Grüner Hut« des Schlosses. Fotografie, 1916

66
Innenansicht der Erasmuskapelle. Fotografie, um 1930

67
Der Kapitelsaal, die frühere Alte Kapelle. Fotografie, 1916

68
Albert Schwendy, Blick von den Königlichen Mühlen am Mühlendamm auf die Schloßkuppel. Ölgemälde, 1848

69
Blick zum Schloß von Nordwesten. Fotografie, 1916

70
Innenraum der Schloßkapelle mit Blick zum Altar. Fotografie, 1916

64

65

66

69, 70

Jerusalemer Kirche

71
Turmfront der Jerusalemer Kirche.
Kupferstich, um 1745

72
F. A. Borchel, Die Jerusalemer
Kirche. Bleistiftzeichnung, um 1850

73
C. H. Horst, Seitenaufriß der
Jerusalemer Kirche. Kupferstich von
J. G. Ringlin, um 1726

74
Der barocke Orgelprospekt der
Jerusalemer Kirche. Fotografie, 1876

75
Gottlob Theuerkauf, Der Neubau
der Jerusalemer Kirche in Berlin.
Holzstich, 1879

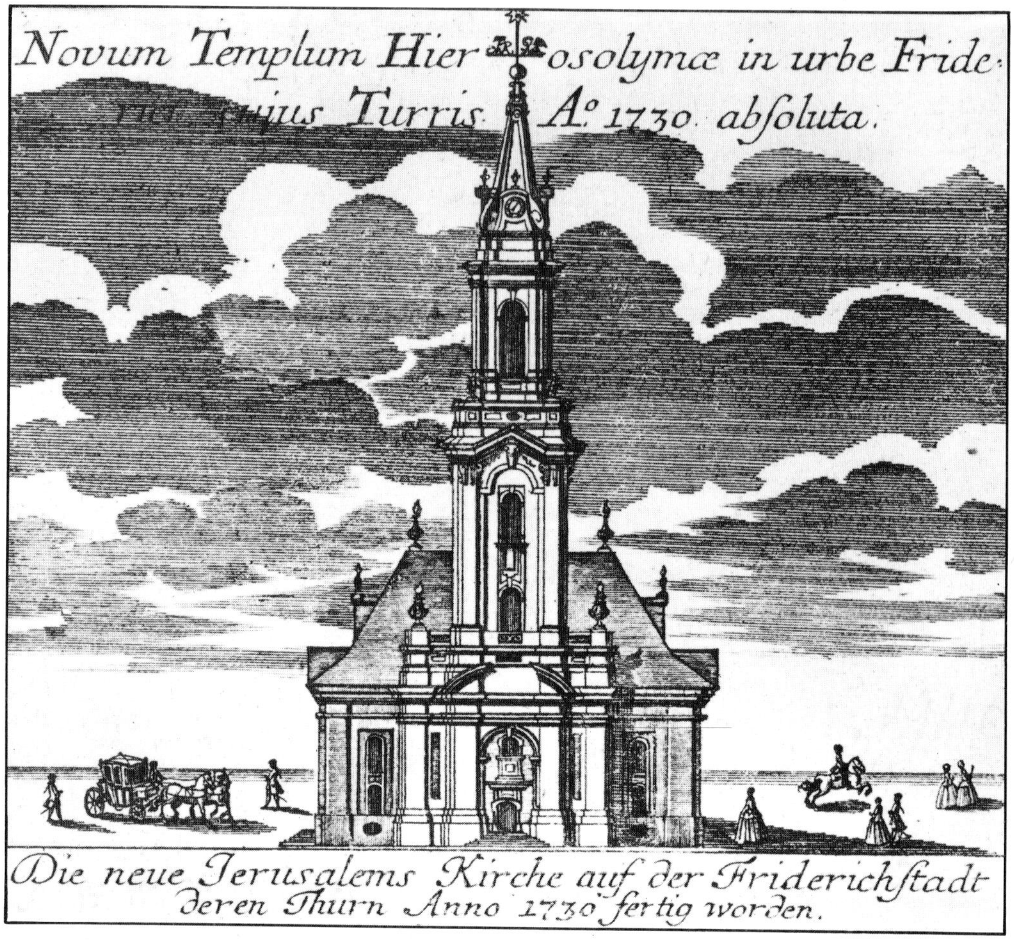

Elevation de la Facade du côté de la Tour et de l'Eglise de Jerusalem à Berlin.

Dorotheen-städtische Kirche

76
Johann David Schleuen,
Die Französische Kirche auf der Dorotheenstadt von 1687.
Kupferstich, um 1760

77
Rudolf Schick,
Die Dorotheenstädtische Kirche.
Aquarell, 1859

78
Die Dorotheenstädtische Kirche von Nordosten. Fotografie, 1910

79
Grabmal des Grafen von der Mark in der Dorotheenstädtischen Kirche.
Fotografie, 1910

80
Innenansicht der Dorotheenstädtischen Kirche mit Blick zum Chor. Fotografie, 1910

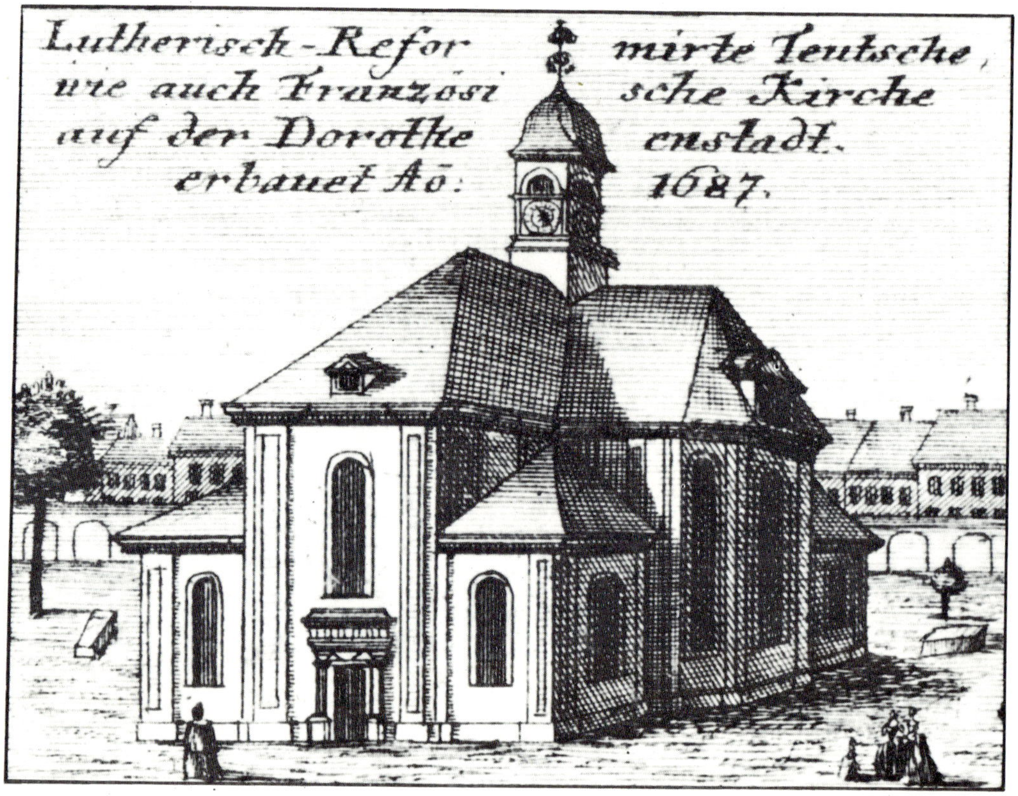

76

77

Luisen-städtische Kirche

81
Johann David Schleuen,
Die Kirche der Köllnischen Vorstadt
von 1695. Kupferstich, um 1760
82
Johann David Schleuen,
Die Kirche der Köllnischen Vorstadt
von 1754. Kupferstich, um 1760
83
Die Luisenstädtische Kirche
an der Sebastianstraße. Fotografie
von Georg Bartels, um 1890

81

83

Parochial-kirche

84
C. H. Horst, Entwurf für die
Hauptfront der Parochialkirche.
Kupferstich von J. B. Probst, um 1713/14
85
Eduard Gaertner,
Die Klosterstraße mit Parochialkirche.
Stahlstich von E. F. Grünewald, 1833
86
Blick auf die Parochialkirche
in der Klosterstraße.
Fotografie, um 1930
87
Die Kanzel der Parochialkirche.
Fotografie, 1919

84

85

WURST

86, 87

FRANZÖSISCHE KIRCHE IN DER KOMMANDANTEN-STRASSE

88
Johann David Schleuen,
Die Französische Kirche
in der Köllnischen Vorstadt.
Kupferstich, um 1760
89
Die Französische Kirche
in der Luisenstadt.
Fotografie von Georg Bartels,
um 1890

88

89

FRIEDRICHS-WERDERSCHE KIRCHE

90
Johann Heinrich Hintze,
Die neue Friedrich-Werdersche
Kirche von der Westseite.
Stahlstich von Barber, 1832

91
Die Friedrichswerdersche Kirche
1737, 1799, 1688 und 1801.
Aquatinta, 1801

92
Karl Friedrich Schinkel,
Portal der Kirche auf dem
Werderschen Markt in Berlin.
Stahlstich von C. F. Thiele, 1829

93
Statue des Erzengels Michael
über dem Portal der
Friedrichswerderschen Kirche.
Fotografie, um 1935

94
Der Werdersche Markt
mit Friedrichswerderscher Kirche.
Fotografie von Max Missmann, 1904

95
Carl Freydank, Die Werdersche
Kirche. Ölgemälde, 1838

96
Innenansicht der
Friedrichswerderschen Kirche mit
Blick zum Chor. Fotografie, 1912

97
Friedrich Wilhelm Klose, Das
Innere der Friedrichswerderschen
Kirche. Aquarell, 1832

90, 91

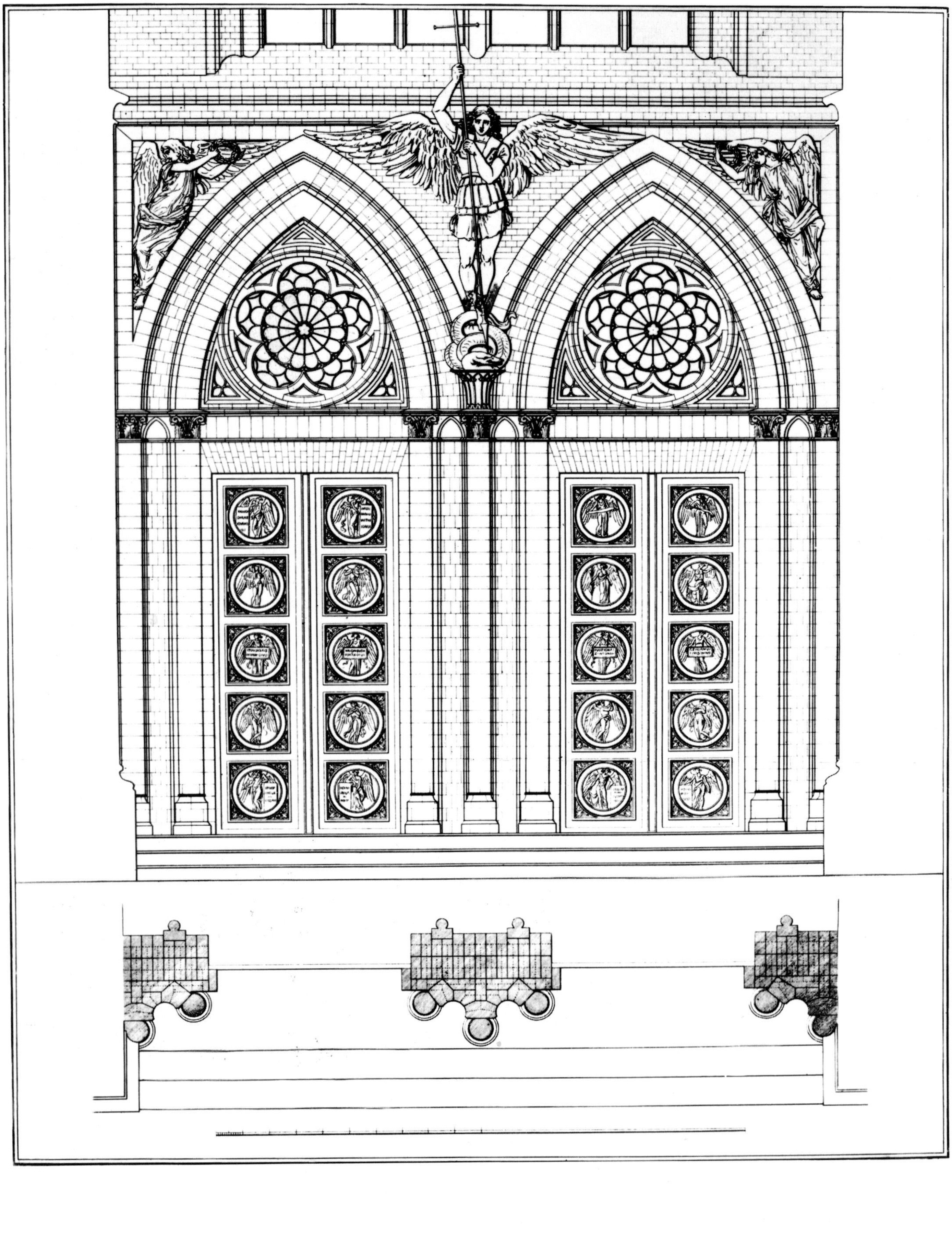

92, 93

THEOPHRON KUEHN
GEBRUEDER SIN
THEOPHRON KUEHN

94, 95

96, 97

Französische und Deutsche Friedrichstadt-kirche auf dem Gendarmen-markt

98
Johann David Schleuen, Die Französische Kirche auf der Friedrichstadt im Jahre 1705. Kupferstich, um 1760
99
Johann David Schleuen, Die Neue Kirche auf der Friedrichstadt im Jahre 1701. Kupferstich, um 1760
100
A. Perdisch, Der Französische Dom zu Berlin. Aquarellierte Feder- und Bleistiftzeichnung, 1866
101
M. F. Adolph, Vue du Marche de Gens d'Armes. Kolorierter Kupferstich von C. B. Schwarz, 1788
102
Die Französische Kirche. Fotografie von Albrecht Meydenbauer, 1882
103
Der Turm der Französischen Kirche von Norden. Fotografie von Albrecht Meydenbauer, 1882
104
Innenansicht der Französischen Kirche. Fotografie von F. A. Schwartz, 1885
105
Jeremias Wolff, Entwurf für die Neue oder Deutsche Kirche. Kupferstich, um 1705
106
Johann Georg Rosenberg, Der Einsturz der Deutschen Kirche am 28. Juli 1781. Radierung, 1781
107
Blick vom Turm der Französischen Kirche auf die Deutsche Kirche. Fotografie von F. A. Schwartz, um 1865
108
Der Gendarmenmarkt mit Deutschem und Französischem Dom. Fotografie von Max Missmann, 1909
109
G. F. Kluge, Die Hauptfassade des Deutschen Domes auf dem Gendarmenmarkt. Aquarellierte Federzeichnung, 1812

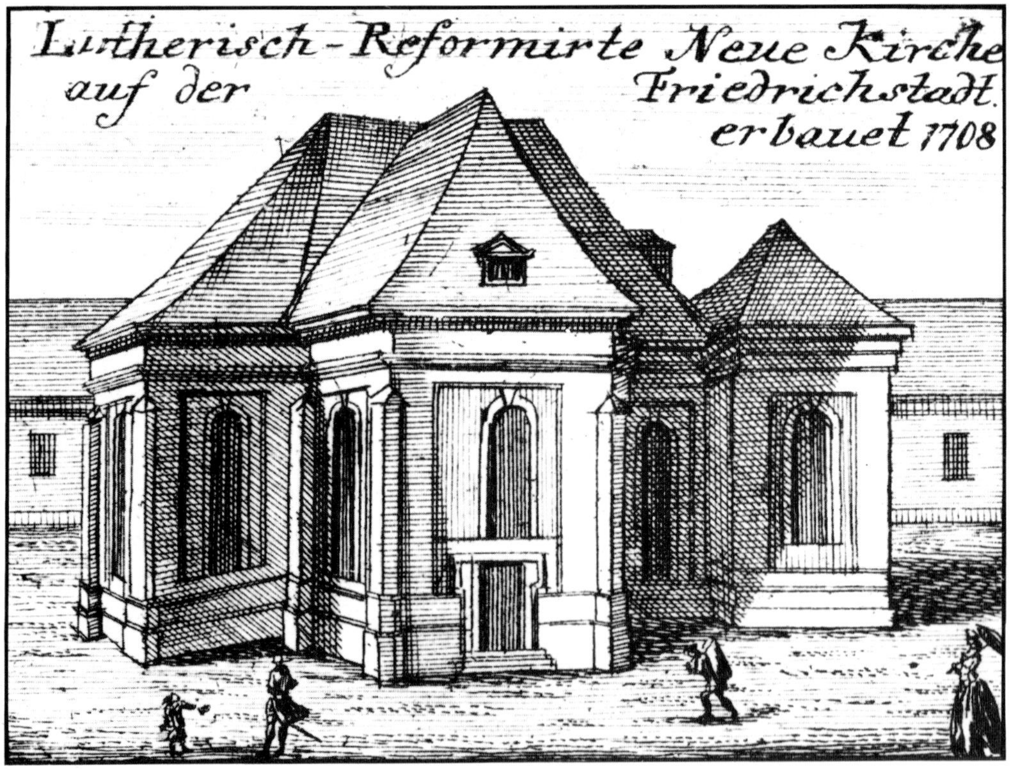

98, 99

DER FRANZOESISCHE DOM ZU BERLIN.

101, 102

103, 104

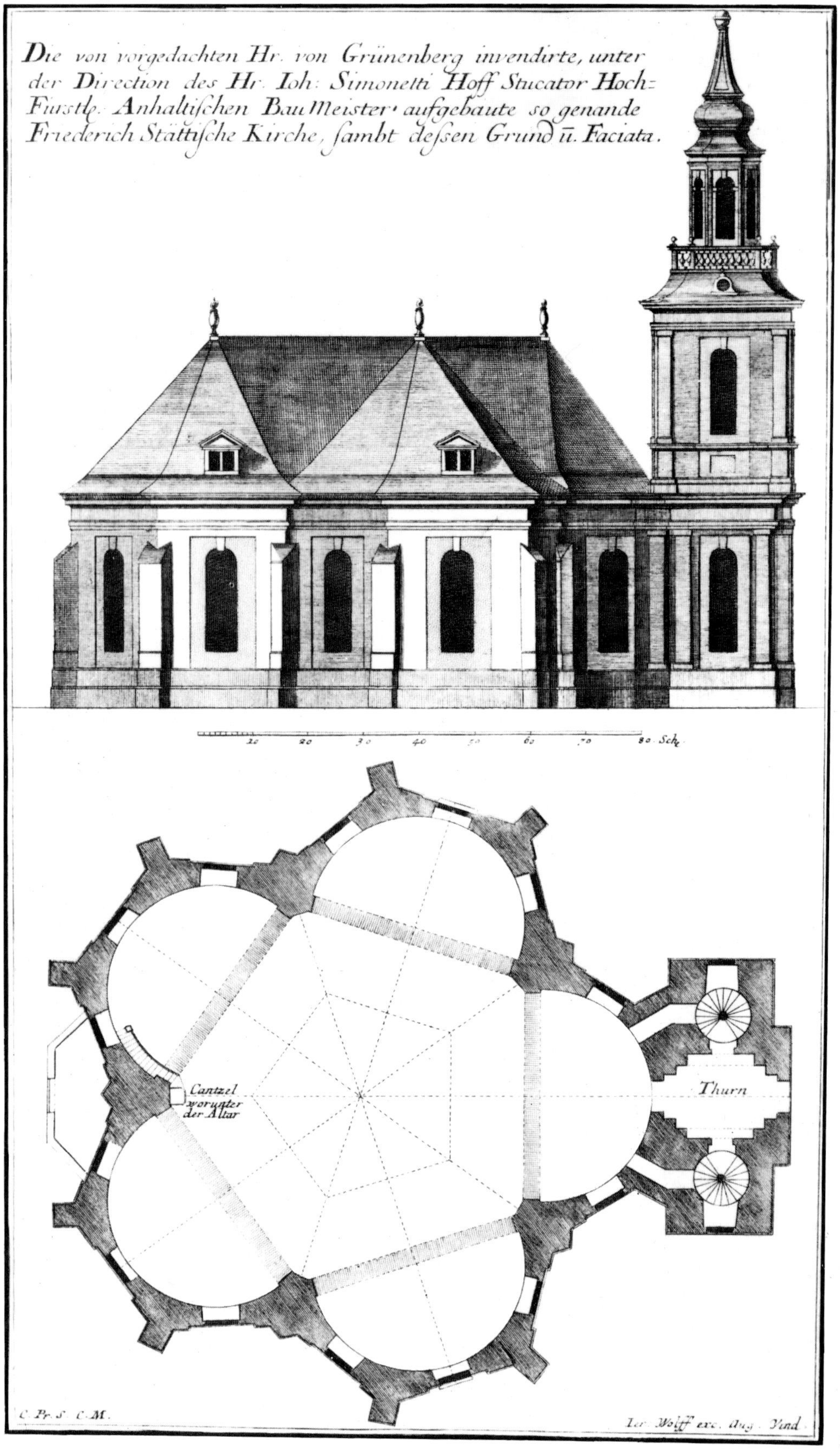
Die von vorgedachten Hr. von Grünenberg invendirte, unter
der Direction des Hr. Ioh: Simonetti Hoff Stucator Hoch=
Furstl. Anhaltischen Bau Meister aufgebaute so genande
Friederich Stättische Kirche, sambt dessen Grund u. Faciata.
10 20 30 40 50 60 70 80 Sch.
Cantzel worunter der Altar
Thurn
C. Pr. S. C. M.
Ier. Wolff exc. Aug. Vind.

107

108

109

Garnison-Kirche

110
Johann David Schleuen,
Die Garnisonkirche im Jahre 1703.
Kupferstich, um 1760
111
Johann David Schleuen,
Die Garnisonkirche im Jahre 1722.
Kupferstich, um 1760
112
Johann David Schleuen,
Die Spandauer Straße mit der
Garnisonkirche im Jahre 1720.
Kupferstich, um 1730
113
Die Garnisonkirche in der
Neuen Friedrichstraße von Südwesten.
Fotografie, um 1930
114
Johann Friedrich Walther,
Die alte Orgel der Garnisonkirche.
Kolorierter Kupferstich von
G. P. Busch, 1728

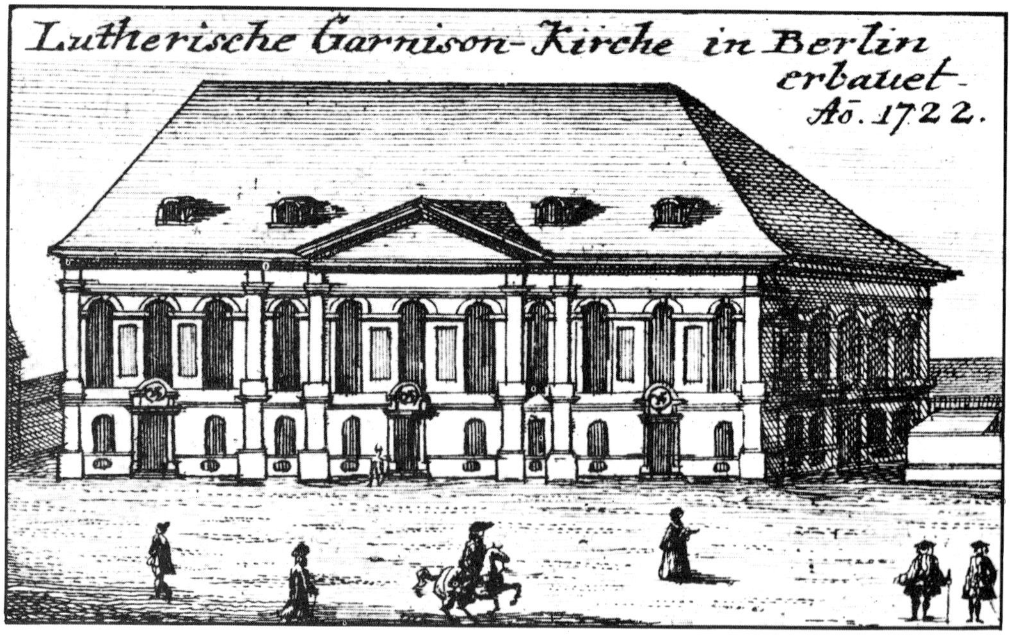

Wahrhafter Prospect desjenigen Theils der Stadt Berlin, ohnweit dem Spandauer Thor, wie selbiger bei dem erbärmlichen Unglück, so daselbst am 12 August 1720. zwischen 10 und 11. uhr vormittage, durch Zerspringung eines Pulver Thurms passiret, anzusehen war. Dieser Thurm zersprung in 3 Stücke, wovon die dick gemauerte Spitze das Kirchen Haus und Lazareth in den Grund darnieder schlug. Das eine Theil warf in des damal. Hn. Obrist v. Glasenaps Wohnung das halbe Dach und eine Ecke des Hauses nieder, das andere Theil schlug die halbe Garnison-Schule zu Boden, und machte in der Kirche eine grosse Öffnung. Das dritte Theil schlug des Hn. Hoffr. Kühnens Hauses Obertheil, und die Ruppiner Herberge nieder. Das vierdte Theil traf die Hospital Ecke, auch die H. Geist Kirche. Der jämerlich ertödteten Menschen waren in Summa 72 Personen, worunter 35 Soldaten Kinder, so in der Schule höchst erbärmlich zerquetschet worden, ferner des Rectoris 12 jähriger Sohn, so eben im unglücks Augenblick bei der Schule gewesen, des Küsters Kind samt dem Eines Sergeanten Töchterlein in der Wiege, nebst der Mutter. Zwei Kinder eines Postbedienten wurden spielende getödtet. Eines Arrendatoris 10 jähriges Töchterlein in des Cantors Wohnung. 12 Bombardier so im Thurm mit der Auskeerung beschäftiget waren. ein neuangehender Prediger, so eben auf der Post vorbei gefahren, nebst einem Mahler, die andern 2 Passagiers sind unverletzt geblieben, und der Postilion hart blessirt. Der Küsterin Schwester so hoch schwanger und denselben eben zugesprochen. Eine Soldaten Frau im Lazareth. Ein Wasch Mädgen ohnweit dem Schloss durch eine Kugel. Ein vorbei gehender Schuster und ein Barbier Geselle. 6 von des Hn. Kühnens Bedienten im Kühnschen Hause, und 3 alte Frauen im Hospital. Die ett. 40 Verwundeten sind mehrentheils wieder genesen

Unter der Regierung. FRIDERICH WILHELMS, Königs in Preussen, ist dieses hier abgebildete Orgelwerk welches aus 50
Klingenden Stimmen und 3220 Pfeiffen bestehet in der Berlinischen neuen Garnison Kirche, durch den Orgelmacher, Joachim Wagner in denen 2 Jahren 1724
und 1725 erbauet und verfertiget worden. Die im Prospect angedeutete Figuren sind folgendermasen angebracht No. 1 sind die an beiden Flugeln des Werks
stehende naturelle Pauken, welche durch die dahinter stehende 2 Kinder effectiv geschlagen, und durch den Organisten Pedaliter regieret werden.
No. 2 sind die 2 Famen, welche über die Piramyden schweben, und sich, wenn die Pauken geschlagen werden mit Bewegung der Flugel, bis auf
die Spitze der Piramyden herablasen, auch die Trompeten an den Mund setzen, nachgehends solche ab- und sich selbst wieder in die höhe ziehen. No. 3 sind 2 Sonnen
welche unter anmuhtigen Cimbel Klang durch Trieb des Windes, in denen Wolken herum laufen und No. 4 sind 2 Adler welche, während den Umlauf der Sonnen
durch eine eigene Regierung die Flügel von selbst auf und nieder schlagen, und sich also als lebendig und fliegend præsentiren.
Joh. Frid. Walther h. t. Organ. delin. et scrips.

113, 114

WAISENHAUS-KIRCHE

115
Johann David Schleuen, Ansicht des Großen Friedrichs-Hospitals und Waisenhauses zu Berlin.
Kupferstich, um 1730
116
Sella Hasse, Blick über die Waisenbrücke auf die Waisenhauskirche.
Ölgemälde, um 1900
117
Die Waisenhauskirche vor dem Abbruch.
Fotografie von Max Missmann, 1904

4

116, 117

Schilder-Fabrik Otto Grund & Co
Rob. Reichelt
Stralauerstr. 52
Bürgerliche Wohnungs-Einrichtungen Eingang dort 2te Tür
Segeltuche Plane Zelte
Rob. Reichelt

Sophien-kirche

118
Die Sophienkirche von Osten.
Fotografie, 1882
119
Johann Friedrich Walther,
Seitenansicht der Sophienkirche.
Aquarellierte Federzeichnung, 1735
120
Die Sophienkirche von Nordwesten.
Fotografie, 1905
121
Johann Georg Rosenberg,
Der Hackesche Markt
mit Spandauer Brücke
und Sophienkirche im Hintergrund.
Kolorierter Kupferstich, 1787
122
Die Sophienkirche von Südosten.
Fotografie, 1910

Prospect des Neuen Thurms und der Kirche in der Spandauer Vorstadt an Berlin, wie solche über den Parade Platz gegen dem Königl. Schloss sich presentiren.
Johann Friderich Walther, delineavit. 1735.
100 Fuß.

118, 119

Französische Kirche in der Klosterstrasse

123
Johann David Schleuen,
Die Französische Kirche in Berlin.
Kupferstich, um 1760
124
Innenansicht der »Französischen
Klosterkirche« mit Blick zur Orgel.
Fotografie, 1910

123

124

BETHLEHEMS-KIRCHE

125
Die Bethlehemskirche von Nordwesten. Fotografie, 1910
126
Innenansicht der Bethlehemskirche. Fotografie, 1910
127
Franz Skarbina, Die Böhmische Kirche am Heiligen Abend. Ölgemälde, um 1900
128
Johann Georg Rosenberg, Die Mauerstraße mit der Bethlehemskirche. Kolorierter Kupferstich, 1776

125, 126, 127

DREIFALTIGKEITS-KIRCHE

129
Johann Friedrich Walther,
Die Dreifaltigkeitskirche.
Aquarellierte Federzeichnung, um 1737
130
Die Dreifaltigkeitskirche.
Fotografie, 1910
131
Eduard Gaertner, Das Innere
der Dreifaltigkeitskirche in Berlin.
Wasserfarben auf Papier, 1847
132
Johann Georg Rosenberg,
Die Mauerstraße mit der
Dreifaltigkeitskirche.
Kolorierter Kupferstich, 1785
133
Die Dreifaltigkeitskirche.
Fotografie, um 1905
134
Innenraum der Dreifaltigkeitskirche.
Fotografie, um 1910

129, 130

131, 132

133, 134

Dom-
kirche

135
Carl Traugott Fechhelm,
Blick vom Platz am Zeughaus zum
Lustgarten mit der Domkirche.
Ölgemälde, 1788
136
Friedrich August Calau, Die
Domkirche in Berlin. Kolorierter
Kupferstich von P. Haas, 1795
137
Carl Würbs, Die Domkirche in Berlin.
Stahlstich von J. Poppel, um 1850
138
Carl Hasenpflug,
Die Domkirche in Berlin.
Ölgemälde, 1825
139
Eduard Gaertner,
Inneres des alten Berliner Domes.
Ölgemälde, 1824
140
Blick vom Alten Museum über
den Lustgarten zum Dom.
Fotografie von F. A. Schwartz, um 1870
141
Blick vom Alten Museum über
den Lustgarten zum Dom.
Fotografie, 1905
142
S. Begg, Gottesdienst des
Johanniterordens im Dom.
Lithographie, um 1910
143
Innenansicht des Domes mit
Blick zum Chor. Fotografie, 1905
144
Innenansicht des Domes
mit Blick zur Orgel.
Fotografie von Max Missmann, 1905
145
Blick von der Schloßterrasse zum Dom.
Fotografie von Max Missmann, 1931
146
Carl Kayser-Eichberg, Blick
über die Friedrichsbrücke zum Dom.
Farblithographie, um 1910

136, 137

138, 139

Ed. Gaertner 1824

140, 141

142

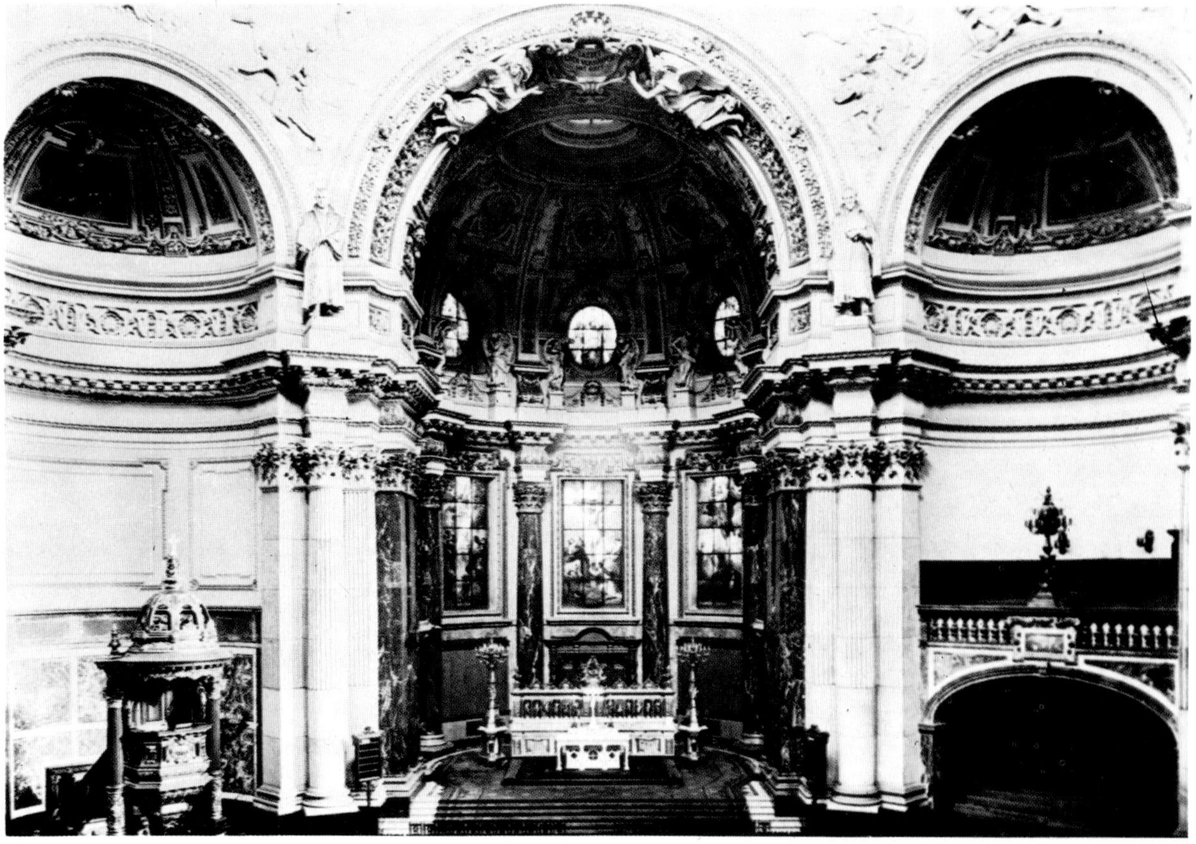

143

145, 146

Hedwigs-
kirche

147
Blick in die Kuppel der Hedwigs-kathedrale. Fotografie, um 1932
148
Blick durch das Eingangsgitter in den Innenraum der Hedwigs-kathedrale. Fotografie, um 1932
149
Innenansicht der Hedwigskirche. Fotografie, 1886
150
Johann Georg Rosenberg, Die Hedwigskirche im Bau. Kolorierte Radierung, 1777
151
Ludwig Eduard Lütke, Der Opernplatz mit Hedwigskirche. Farblithographie, um 1845
152
Die Eingangsseite der Hedwigskirche. Fotografie, 1886

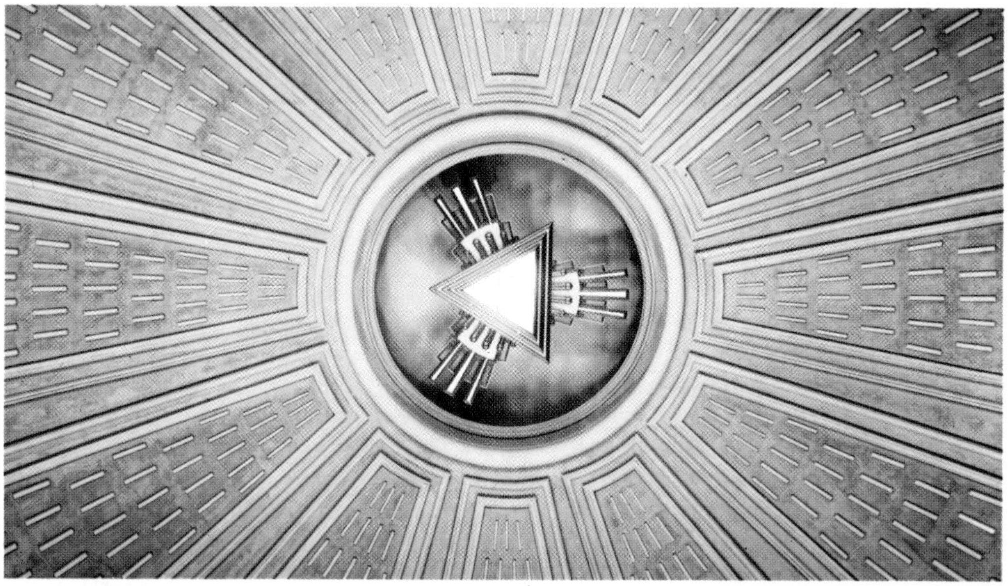

14

1

151, 152

HEDWIGI

Elisabeth-kirche

153
Karl Friedrich Schinkel, Entwurf zur Ausmalung der Apsis der Elisabethkirche. Aquarellierte Feder- und Bleistiftzeichnung, 1833

154
Karl Friedrich Schinkel,
Die Kirche vor dem Rosenthaler Tor zu Berlin.
Stahlstich von F. W. Schwechten, 1834

155
Die Elisabethkirche von Südwesten.
Fotografie, um 1930

156
Innenansicht der Elisabethkirche mit Blick zur Orgel.
Fotografie, um 1930

153

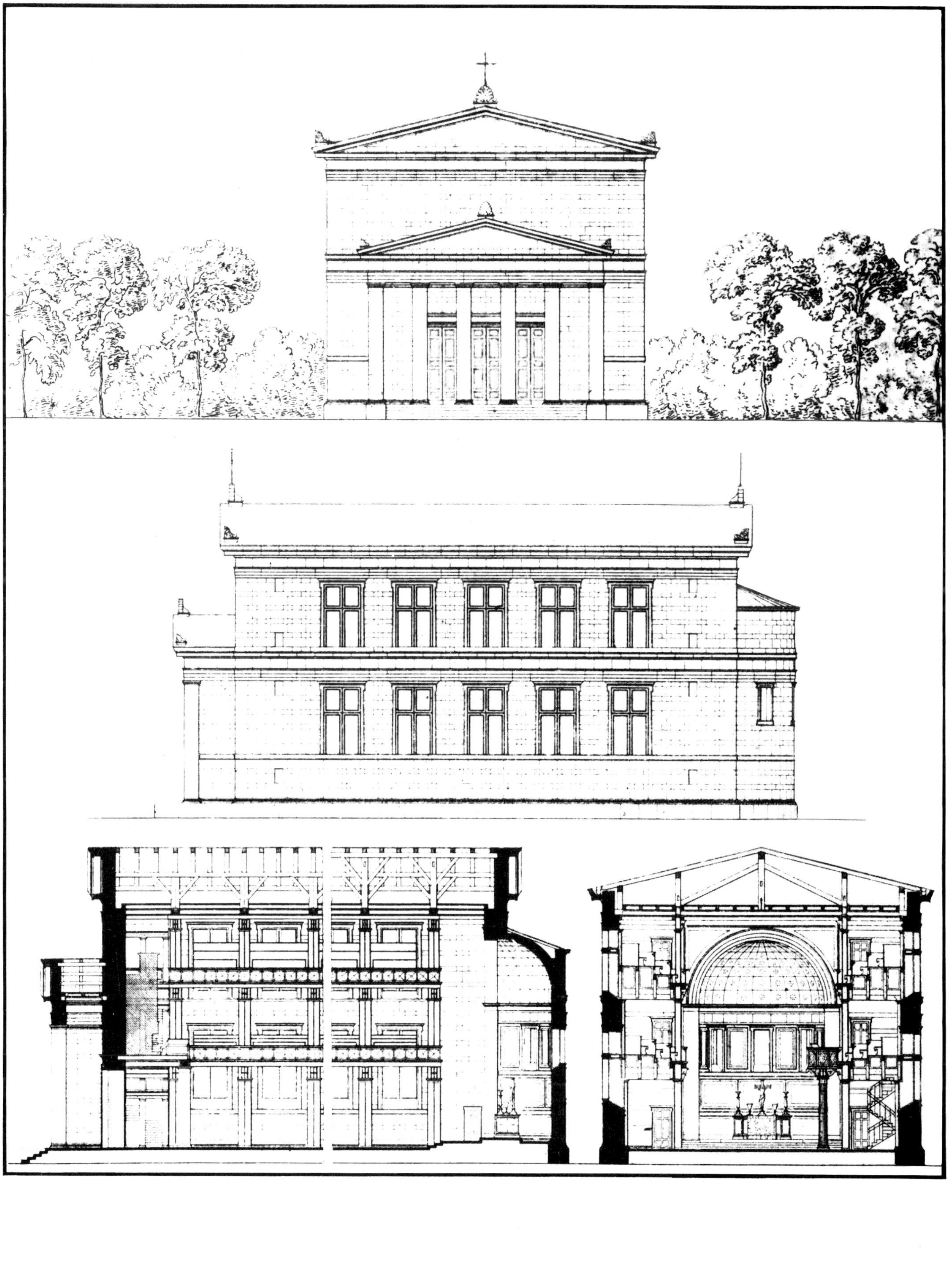

15

MARKUS-
KIRCHE

157
F. A. Borchel,
Die Markuskirche von Süden.
Stahlstich von F. Foltz, um 1860

Michael-
Kirche

158
Choransicht der Michaelkirche.
Holzstich nach G. Stier, um 1890
159
Blick zur Michaelkirche über
das Engelbecken. Fotografie, um 1920
160
F. A. Borchel, Die Michaelkirche
von Südosten.
Stahlstich von L. Oeder, um 1860

Andreas-Kirche

161
Die Andreaskirche am Stralauer Platz.
Fotografie von F. A. Schwartz, 1887
162
Innenansicht der Andreaskirche.
Fotografie von Walter Seegert, 1911

161, 162

BARTHOLOMÄUS-KIRCHE

163
Die Bartholomäuskirche am Königstor.
Fotografie von F. A. Schwartz, um 1885
164
Julius Bormann, Die Kanzel der
Bartholomäuskirche zu Berlin.
Farblithographie, um 1865
165
Friedrich August Stüler, Entwurf
für die Bartholomäuskirche.
Stahlstich von E. Jättnig, um 1855

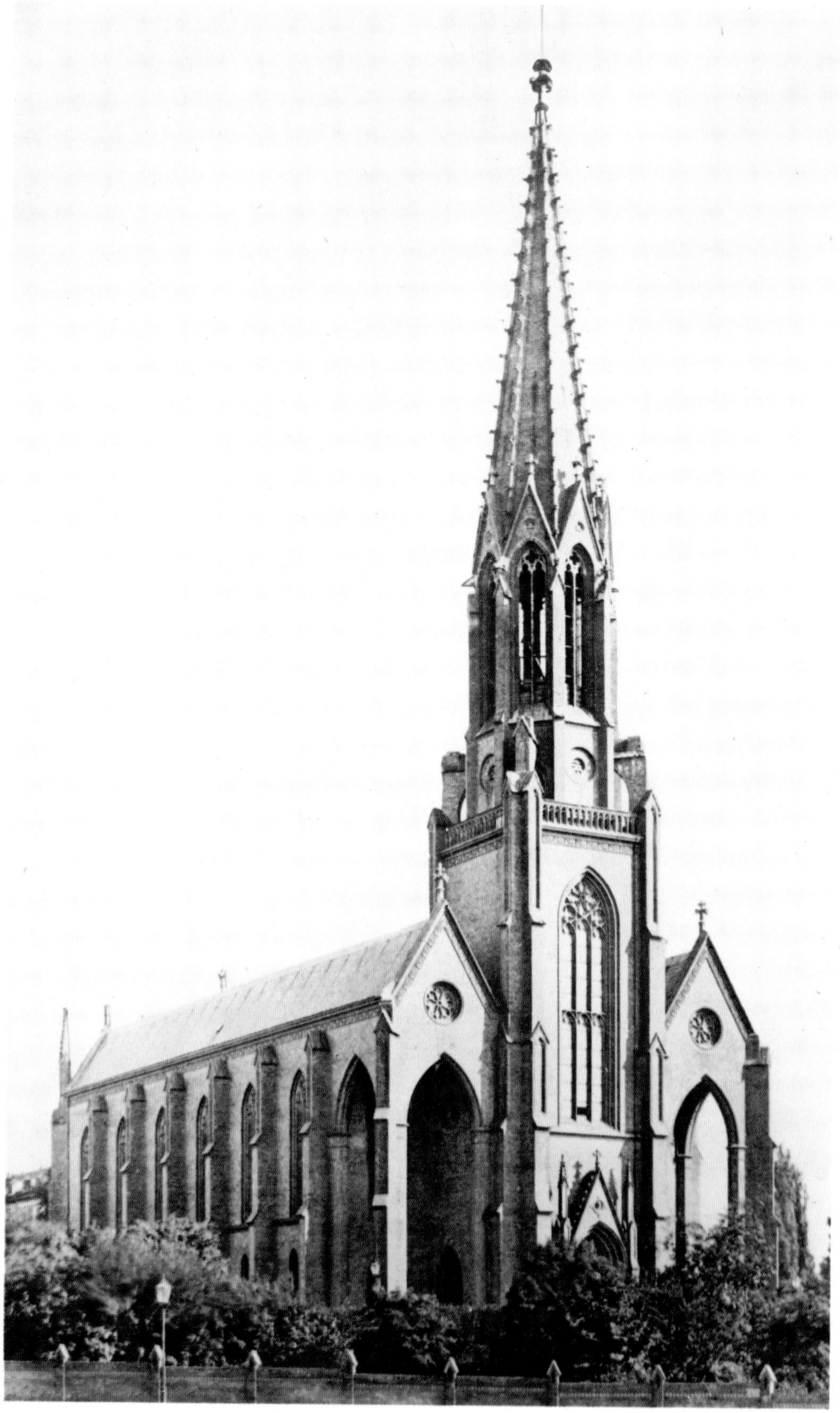

Kanzel in der Bartholomaus Kirche zu Berlin
Verlag v. Ernst & Korn in Berlin

163, 164

Erläuterungen

NIKOLAI-KIRCHE

Die älteste Pfarrkirche Berlins an der Westseite des Molkenmarktes war den Heiligen Nikolaus, Martin und Katharina geweiht. Nach jüngsten wissenschaftlichen Untersuchungen wird an dieser Stelle eine hölzerne Kapelle vermutet, die schon an der Wende vom 12. zum 13. Jahrhundert entstand. Bereits um 1220, wahrscheinlich sogar noch früher, wurde dann eine spätromanische, sechs Achsen lange, flachgedeckte Pfeilerbasilika errichtet. Der gestreckte Chor hatte eine Hauptapsis, die Querschiffarme Nebenapsiden. Von dieser ältesten Feldsteinkirche ist noch der wuchtige Unterbau der ursprünglich wohl viergeschossigen Westturmfront erhalten geblieben.

Die erste urkundliche Erwähnung für diese von Brandenburg/Havel aus erfolgte Prämonstratensergründung stammt aus dem Jahre 1244. Es folgte in der zweiten Hälfte des 13. Jahrhunderts eine gotische Hallenkirche von vier Jochen. Nach dem großen Stadtbrand von 1380 wurde ein Backsteinneubau als dreischiffige spätgotische Hallenkirche begonnen, die erst Ende des 15. Jahrhunderts in allen Teilen vollendet war. Dieses Gotteshaus mit seinem Langhaus von fünf Jochen erhielt Kreuzgewölbe auf Bündelpfeilern und lediglich vor dem zweijochigen Hallenumgangschor ein Sterngewölbe. Der fünfseitig geschlossene, seit etwa 1379 aufgeführte Chor hat einen neunseitigen Umgang und Randkapellen zwischen den Strebepfeilern. Der Innenraum der Nikolaikirche ist rund 60 Meter lang und 23 Meter breit, der rechteckige Turmbau rund 20 Meter lang und 10 Meter tief.

Von den rings um die Kirche angeordneten Kapellen sind besonders bemerkenswert die zweigeschossige Liebfrauenkapelle mit maßwerkgeschmücktem Staffelgiebel von 1452 an der Südwestecke und an der Nordseite die zweigeschossige Heiligkreuz-Doppelkapelle, ebenfalls aus dem 15. Jahrhundert. Der Chor wird von zwei kleinen Treppentürmchen mit gemauerten Helmen flankiert. Das mächtige Kirchendach trug im Osten einen kleinen Dachreiter. Von den Türmen wurde nur der südliche Anfang des 16. Jahrhunderts ausgebaut und mit einer 14 Meter hohen hölzernen Spitze versehen; anstelle des nördlichen erhob sich auf dem Granitunterbau nur ein schmuckloser Giebel.

Nach der Reformation wurden 1539 in den Chor- und Seitenschiffnischen die Altäre entfernt und Erbbegräbnisse eingerichtet. Größere Um- und Einbauten erfolgten im 17. und 18. Jahrhundert, vor allem 1715. In die Seitenschiffe wurden mehrgeschossige Emporen und Logen eingebaut, um für die stark angewachsene Nikolaigemeinde Platz zu schaffen. 1817 wurden die den Raumeindruck stark beeinträchtigenden Einbauten durch Stadtbaurat Friedrich Wilhelm Langerhans entfernt und durch neue, einfache Emporen ersetzt. 1877–79 folgten umfangreiche Erneuerungsarbeiten unter Leitung von Stadtbaurat Hermann Blankenstein. Dabei wurden die oberen Turmteile abgebrochen und die oberen Turmgeschosse in roten Klinkern mit zwei gleichen spitzen Helmen im neogotischen Stil neu errichtet. Die neuen Haupttürme hatten eine Gesamthöhe von 84 Metern. Gleichzeitig wurde das Innere neu ausgemalt, und die 23 Meter hohen Fenster erhielten Glasgemälde mit Darstellungen aus der Heilsgeschichte. Eine neue große Orgel mit 61 Registern baute die Werkstatt von Wilhelm Sauer aus Frankfurt/Oder 1903 ein, anstelle der von 1845 des Orgelbauers Carl August Buchholz mit 50 Registern. Am Reformationstag 1938 fand der letzte Gottesdienst in der Nikolaikirche statt, die zu einem »Musikdom« für Berlin umgestaltet werden sollte. Bei Bombenangriffen im Juni 1944 und bei den Kämpfen um Berlin im April 1945 brannte jedoch das Gebäude aus. Infolge der kriegsbedingten Schäden stürzten 1949 die Gewölbe und die nördlichen Schiffspfeiler ein. Bei Ausgrabungen durch das Institut für Vor- und Frühgeschichte der Deutschen Akademie der Wissenschaften zu Berlin von 1956 bis 1958 konnten in der Ruine die Fundamente von zwei Vorgängerbauten freigelegt werden. 1980–1982 folgten Ausgrabungen durch die Arbeitsstelle für Bodendenkmalpflege beim Märkischen Museum Berlin, die weitere Aufschlüsse zur Geschichte des ältesten Baudenkmals der Stadt ergaben. Nach langjährigen Vorbereitungen begannen 1981 die aufwendigen Wiederherstellungsarbeiten des Gebäudes. Im folgenden Jahr wurden neue Turmhelme in Anlehnung an die Lösung von 1877 – allerdings ohne die Ecktürmchen – aufgesetzt. 1983/84 konnten die Neueindek-

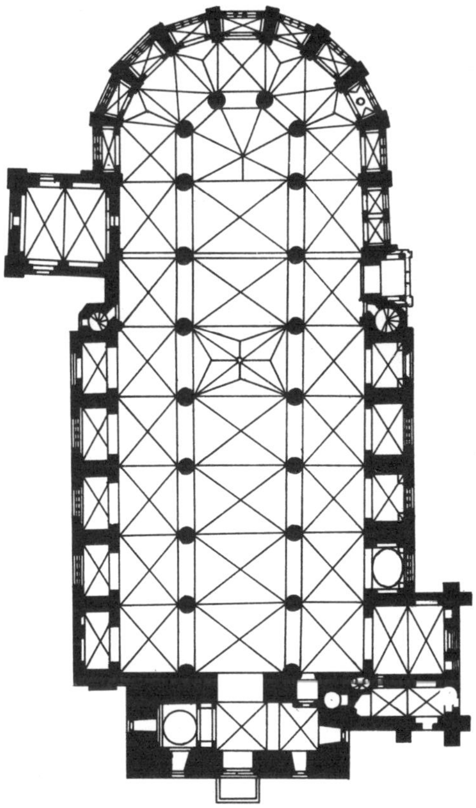

kung des Daches sowie die Restaurierung des Außenbaues im wesentlichen abgeschlossen werden. Es ist vorgesehen, die Nikolaikirche bis 1987 auch im Innern vollständig wiederherzustellen und künftig museal zu nutzen.

In der Kirche befanden sich bis zur Zerstörung im zweiten Weltkrieg zahlreiche Grabsteine, Gedenktafeln, Plastiken und Gemälde vom Ausgang der Gotik bis zum Empire, von denen einige in die Staatlichen Museen zu Berlin und vor allem in die Marienkirche kamen. Während das von Arp Schnitger 1706–08 gebaute Orgelwerk mit drei Manualen und 40 Registern schon 1845 entfernt wurde, hatte sich der Barockaltar von 1715 mit einer später von Christian Bernhard Rode gemalten Verklärung Christi erhalten. Die reichgeschnitzte Kanzel von 1680 war 1878 neu vergoldet worden. Der Taufkessel war ein bemalter Zinnguß von Stephan Lichtenhagen aus Schneeberg aus dem Jahre 1563. Der frühgotische silbervergoldete Prachtkelch mit Bildnissen der markgräflichen Brüder Johann II. und Otto IV. als Stifter (heute in der Marienkirche) entstand um 1270. Der Rest eines mittelalterlichen Wandgemäldes mit der Darstellung eines Weltgerichts befand sich am Westende des nördlichen Seitenschiffes. Verschiedene spätgotische Bildwerke kamen schon Ende des 19. Jahrhunderts in das Märkische Museum, darunter auch zwei geschnitzte Passionsszenen eines Altars von 1480/90.

Die zahlreichen Grabmäler von Staatsmännern und verdienten Bürgern Alt-Berlins waren zum Teil auch bedeutende Kunstwerke. Die Grabstätte für den 1588 verstorbenen Lamprecht Distelmeier, Kanzler Joachims II., befand sich in einer von Renaissancearchitektur umrahmten Südkapelle. In der Liebfrauenkapelle wurde 1610 das Erbbegräbnis für den kurfürstlichen Rat Johannes von Kötteritzsch eingerichtet, eine hervorragende Spätrenaissanceschöpfung mit einem interessanten Gedächtnisbild, das den Innenraum der Kirche zeigt, ein Hauptwerk der Berliner Malerei dieser Zeit (heute in der Marienkirche). Andreas Schlüter schuf 1700 für den Hofgoldschmied Daniel Männlich unter der Orgel ein beeindruckendes Gruftportal aus Sandstein mit einer Allegorie des Todes (heute im Bode-Museum). In eine Kapelle des nördlichen Turmes kam 1725 das Barockgrabmal für den Minister Johannes Andreas von Kraut mit dem Denkmal des Verstorbenen, ein Werk des Schlüterschülers Johann Georg Glume. Im Märkischen Museum befindet sich heute das von Hans Schenk, gen. Scheußlich, für Johann Zeideler geschaffene Grabdenkmal von 1556; das Epitaph für Joachim Zerer (gest. 1543), ebenfalls ein Werk Schenks, kam in die Marienkirche. Erhalten haben sich auch mehrere religiöse Gemälde von Michel Ribestein aus der Mitte des 16. Jahrhunderts, die deutliche Einflüsse des italienischen Manierismus zeigen.

St. Nikolai war auch Stätte wichtiger Ereignisse der Stadtgeschichte. So traten hier Rat und Bürgerschaft von Berlin am 2. November 1539 zum Protestantismus über. Nach Einführung der Steinschen Städteordnung wurde in der Kirche am 6. Juli 1809 der erste Berliner Magistrat feierlich vereidigt.

1957 an der Turmfront angebrachte Gedenktafeln erinnern an Paul Gerhardt, der 1657 bis 1666 in der Nikolaikirche predigte, und an den Kantor Johann Crüger, der zahlreiche von Gerhardts Liedern vertonte.

Petrikirche

St. Petri war die älteste Pfarrkirche von Kölln, der Schwesterstadt Berlins am linken Ufer der Spree. Von der spätromanischen Petrikirche aus der ersten Hälfte des 13. Jahrhunderts erhielten sich nur Teile des quergelagerten Westturms aus Feldsteinmauerwerk noch bis ins 19. Jahrhundert. Eine zweite, frühgotische Kirche entstand nach 1260/70. Der Ziegelbau einer dreischiffigen hochgotischen Hallenkirche mit einschiffigem Chor und breitem Westturm folgte in der zweiten Hälfte des 14. Jahrhunderts. 1505 wurde an der Südseite die Marienkapelle angebaut. Mehrfache Veränderungen erfolgten im 16. und 17. Jahrhundert sowie ab 1717 unter Martin Heinrich Böhme, als Gestühl und Kanzel erneuert sowie Emporen eingebaut wurden. Nach dem Willen König Friedrich Wilhelms I. sollte die Petrikirche an der nördlichen Langseite einen 108 Meter hohen Turm erhalten, mit dessen Bau 1726 begonnen wurde. Noch vor der Vollendung brannten nach dreifachem Blitzeinschlag am Pfingsttag 1730 der aus Holz errichtete Turm und die Kirche ab. Außerdem wurden 37 Bürgerhäuser sowie das Köllnische Gymnasium ein Opfer der Flammen. Zunächst ohne Turm wurde das Gotteshaus 1733 neu eingeweiht. Der nach Plänen von Johann Friedrich Grael neu aufgeführte Turm stürzte am 28. August 1733 ein und zerstörte dabei Teile des Schiffes. Daraufhin wurde Grael zunächst in Haft gesetzt und 1734 des Landes verwiesen. Philipp Gerlach sowie ab 1737 Titus de Favre führten die Arbeiten weiter; trotzdem blieb der Turm unvollendet und bekam nur einen Notabschluß.

Bei dem barocken Sakralbau verbanden sich im Grundriß Saal- und Zentralkirche. Über der Mitte des Schieferdaches erhob sich eine hölzerne Laterne, durch die das Licht in die mit Malereien und Stukkaturen geschmückte Kuppel gelangte. Unter ihr standen Kanzel und Altar gegenüber den Logen für König und Magistrat. Auf der Südempore wurde 1749 eine Orgel aufgestellt, während von der Ostseite aus die zweigeschossigen, rundumlaufenden Emporen betreten wurden. Ein Brand zerstörte 1809 auch diese Petrikirche. Der Kirchplatz wurde mit Bäumen bepflanzt, bis 1846 Johann Heinrich Strack nach einem Wettbewerb den Auftrag für einen Backsteinneubau erhielt. Diese zweite neugotische Kirche Berlins – nach Schinkels Friedrichswerderscher Kirche – wurde 1853 eingeweiht. Der enge Bauplatz zwang Strack zur Errichtung eines kurzschenkligen Kreuzbaues mit einem Querschiff, der einen Fünf-Achtel-Chorschluß, vier achteckige Türme an den Ecken und einen schlanken, über 96 Meter hohen Hauptturm an der südwestlichen Frontseite hatte. Dieser bis dahin höchste Turm der Stadt – er wurde später nur von der Georgenkirche übertroffen – trug eine 33 Meter hohe, eiserne, mit Zinkblech verkleidete Spitze. Die kurzschenkligen Kreuzarme waren nach außen als gotische Giebelfassaden mit flankierenden Türmchen gestaltet.

Der Raum von schöner Innenwirkung war 43,60 Meter lang, 14,90 Meter breit, 27,14 Meter hoch und bot rund 1500 Sitzplätze. Die drei Chorfenster wurden 1894 in farbiger Bleiverglasung vom sieben Jahre zuvor gegründeten Königlichen Institut für Glasmalerei unter Mitwirkung von Friedrich Adler angefertigt und zeigten die Oster- und Pfingstgeschichte nach Gemälden von Albrecht Dürer. Das 1896 neu ausgemalte Innere, von sechs Sterngewölben auf Bündelpfeilern überspannt, wurde durch neun große Fenster erhellt.

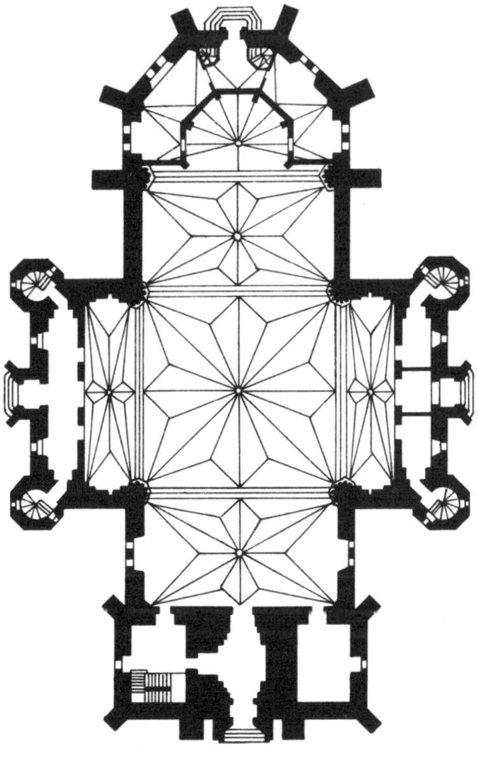

Durch die beiden Brände war die einst bedeutende Ausstattung der Petrikirche völlig vernichtet worden. So besaß das Gotteshaus vor der Reformation insgesamt 24 Altäre. Der Taufkessel von 1434 war ein Werk des Meisters Heinrich aus Magdeburg. Zu den wertvollsten zerstörten Kunstwerken zählen das Grabdenkmal für den Hofmedailleur Raimund Faltz (gest. 1703) von Balthasar Permoser und die von Johann Conrad Koch 1718 geschaffene Marmorkanzel. Die in der Dorfkirche von Petershagen, Kreis Angermünde, befindliche hölzerne Renaissancekanzel wurde 1982 als aus der Berliner Petrikirche stammend identifiziert. Eine Inschrift an der mit reichem Skulpturenschmuck versehenen und polychrom gefaßten Kanzel verweist auf den Bildhauer und Tischler Andreas Hummer und das Jahr 1606. Zu der reichen neugotischen Ausstattung des letzten Baues gehörten eine der größten Orgeln Berlins, gebaut von Carl August Buchholz, und eine in Halle/Saale von dem Bildhauer Merkel gearbeitete farbige Sandsteinkanzel, die auf acht Pfeilern ruhte.

1945 wurde St. Petri durch Bomben, Beschuß und Brand schwer beschädigt. Bei der Beseitigung der Reste bot sich in den Jahren 1960–64 die Gelegenheit zu umfangreichen Ausgrabungen, bei denen man die sich teilweise überschneidenden Grundmauern der nacheinander aufgeführten Kirchenbauten freilegen konnte.

Franziskaner-Klosterkirche

Die Franziskanerklosterkirche galt neben der Nikolaikirche als das künstlerisch bedeutendste und besterhaltene Werk gotischer Baukunst in Berlin.

Das Kloster wurde offiziell 1271 durch die Markgrafen Otto V. und Albrecht III. von Brandenburg gegründet, nachdem sich schon 1249 in Berlin Franziskanermönche niedergelassen hatten. Die Ordensgemeinschaft baute zunächst von etwa 1250 bis 1265 eine rechteckige, flachgedeckte Feldsteinkirche auf einem von den Markgrafen zur Verfügung gestellten Grundstück unmittelbar an der Stadtmauer, die um den Chor mit einer Einbuchtung herumgeführt wurde. Dieser Bau lag etwas nördlicher als die zweite Kirche, die als Backsteinbau am Ende des 13. Jahrhunderts entstand. 1290 war von privater Seite die Schenkung einer Ziegelei in der Nähe von Tempelhof erfolgt, womit auch die technischen Voraussetzungen für den Neubau gegeben waren. In das dreischiffige Langhaus mit vier kreuzgewölbten Jochen wurden Teile der ersten Kirche eingebaut, wovon noch heute Reste in der Nordwand sichtbar sind. Der abgesetzte reichgegliederte zweijochige Chor von der Breite des Mittelschiffes erhielt einen Sieben-Zehntel-Abschluß, ähnlich dem der Chorschlüsse der Brandenburger und Stettiner Johanniskirchen. Das nach den Ordensregeln turmlose Gotteshaus besaß nur einen Dachreiter. Das schlichte Äußere hatte spitzbogige zwei- und dreiteilige Fenster mit feinem Maßwerk sowie an der Westfront ein zweiteiliges Hauptportal, neben dem bis 1842 ein barocker Treppenturm stand.

»Die spitzbogigen Arkaden des Langhauses sind einfach gegliedert und ruhen auf kräftigen, abwechselnd viereckig mit vier Halbsäulen und achteckig mit acht Halbsäulen gegliederten Pfei-

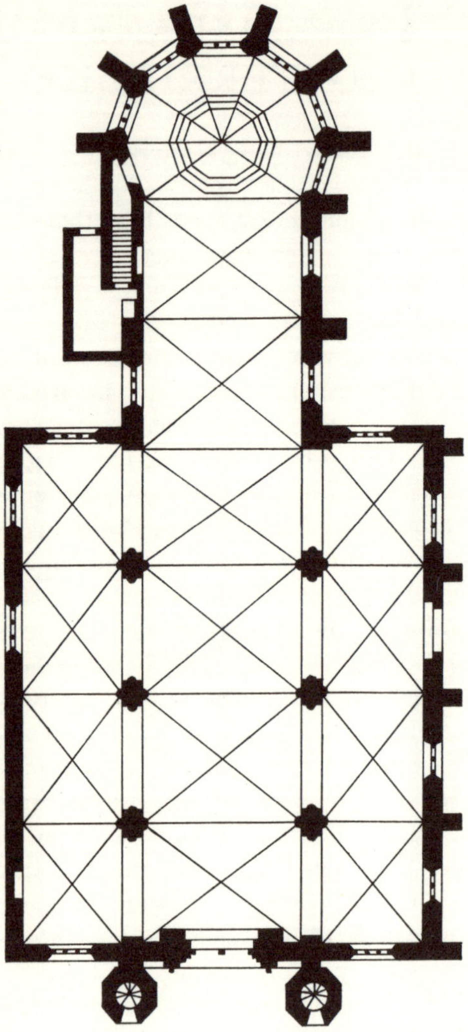

lern. Die Klarheit und Übersichtlichkeit des Raumes, die guten Verhältnisse des Aufbaues und die fesselnde Behandlung der Einzelformen des Backsteins in frühem Stil, besonders an den Pfeilerkapitellen des Schiffes und den Konsolen des Langhauses, kennzeichnen dieses Bauwerk trotz seiner Einfachheit als mustergültigen Kirchenbau.« (Berlin und seine Bauten, 1896)

Das Gotteshaus galt auch als Hofkirche der Markgrafen, von denen Ludwig der Römer (gest. 1356) mit seiner Gemahlin hier beigesetzt wurde. Im Zuge der Säkularisation nach Einführung der Reformation kam der Sakralbau als Filialkirche zur Nikolaigemeinde, die auch die Kosten aller künftigen Instandsetzungen trug. Leonhard Thurneyßer, Alchimist und kurfürstlicher Leibarzt, der einen Teil der nördlich anschließenden Klosterräume als Laboratorium und Druckerei nutzte, ließ die vernachlässigte Kirche 1583/84 renovieren und dabei weiß tünchen. 1672 bekam sie eine neue Kanzel, 1680 einen neuen Altar und 1688/89 auch eine neue Orgel. 1719 folgte eine Instandsetzung des Äußeren. In die Seitenschiffe wurden hölzerne Emporen eingebaut. Bei einem Umbau von 1786/87 wurde das Grundstück zur Klosterstraße hin durch eine Mauer mit figurengeschmücktem Barockportal abgeschlossen.

Erhebliche Veränderungen hatte die Wiederherstellung der Jahre 1842–45 zur Folge. So wurden an der Westseite zwei schlanke Türme und ein höherer Dachreiter hinzugefügt. Ein Säulengang nach Entwürfen des ersten preußischen Staatskonservators Ferdinand von Quast begrenzte die Kirche zur Klosterstraße hin. Der Chor erhielt 1844 Fresken von Karl Heinrich Hermann mit den Propheten, den Evangelisten und den Aposteln Petrus und Paulus. Bei der letzten umfangreichen Restaurierung 1926–36 wurden die Zutaten des 19. Jahrhunderts zum größten Teil wieder beseitigt. Die alte, von Carl August Buchholz geschaffene Orgel wurde 1933/34 durch eine moderne aus der Werkstatt Sauer ersetzt, die einen Umfang von 29 Registern mit 2 298 Pfeifen hatte.

Die Kirche, die seit 1933 Eigentum der vereinigten Kirchengemeinden von St. Marien und St. Nikolai war, besaß noch eine Reihe bedeutender Ausstattungsstücke, so das geschnitzte Chorgestühl der Zeit um 1500, eine spätgotische Triumphkreuzgruppe und zahlreiche andere mittelalterliche Holzplastiken und Altarschreine, die Barockkanzel, mehrere Grabmäler und Votivbilder. Das Epitaphgemälde für den 1412 gestorbenen Grafen Johann von Hohenlohe ist das älteste erhaltene Berliner Tafelbild.

Das ehemalige Franziskanerkloster war im Kern ein mittelalterlicher, zwei Höfe umschließender Bau, der zuletzt im 19. Jahrhundert umgestaltet wurde. Seit 1574 beherbergte das Kloster das berühmte »Gymnasium zum Grauen Kloster«, die älteste höhere Lehranstalt in Berlin. Der Kapitelsaal und der darübergelegene Säulensaal waren 1471–74 von einem Meister Bernhard errichtet worden und blieben bis zur Zerstörung im zweiten Weltkrieg im wesentlichen unverändert erhalten.

Im April 1945 wurden Kirche und Klostergebäude schwer beschädigt. Die Westfront, die Nordmauer und der Chor des einstigen Gotteshauses wurden 1963 als Ruine gesichert, ebenso die erhalten gebliebenen Klosterteile, die jedoch später im Zuge einer Straßenverbreiterung beseitigt wurden. Während das Chorgestühl vernichtet wurde, kamen andere Ausstattungsstücke als Leihgaben in verschiedene Berliner Kirchen. Der Grabstein für Conrad von Belitz (gest. 1308), das älteste derartige Beispiel in Berlin, wurde im Märkischen Museum aufgestellt, ebenso ein Kruzifix aus dem 15. Jahrhundert.

MARIENKIRCHE

Im Zusammenhang mit der Anlage des Neuen Marktes in der nördlichen Hälfte Berlins wurde um 1270 die zweite Pfarrkirche der Stadt errichtet, die ursprünglich der Jungfrau Maria, der heiligen Anna und dem heiligen Mauritius geweiht war. Anstelle des ersten frühgotischen Baues entstand im 14. und 15. Jahrhundert eine dreischiffige, sechsjochige Hallenkirche mit erhöhtem einschiffigem Chor mit Fünf-Zehntel-Schluß. Vom ursprünglichen Gotteshaus des 13. Jahrhunderts stammen noch das spitzbogige Nordportal und der Granitsockel des Langhauses. Nach dem Stadtbrand von 1380 wurde der Wiederaufbau der Kirche vermutlich bis 1405 abgeschlossen. Dieser verhältnismäßig schlichte gotische Backsteinbau mit großem Satteldach erhielt im Laufe des 15. Jahrhunderts einen stattlichen Turm. 1490 wurde in ihm eine Glocke aufgehängt, aber schon 1514 brannte er ab. Einen neuen spitzen Holzhelm erhielt der Turm 1536 durch Hans Schwabach. Nach erneutem Brand im Jahre 1661 baute ihn Michael Matthias Smids 1663–66 in Spätrenaissanceformen wieder auf. 1789/90 bekam der inzwischen schadhaft gewordene Kirchturm den noch heute bestehenden Aufsatz von Carl Gotthard Langhans,

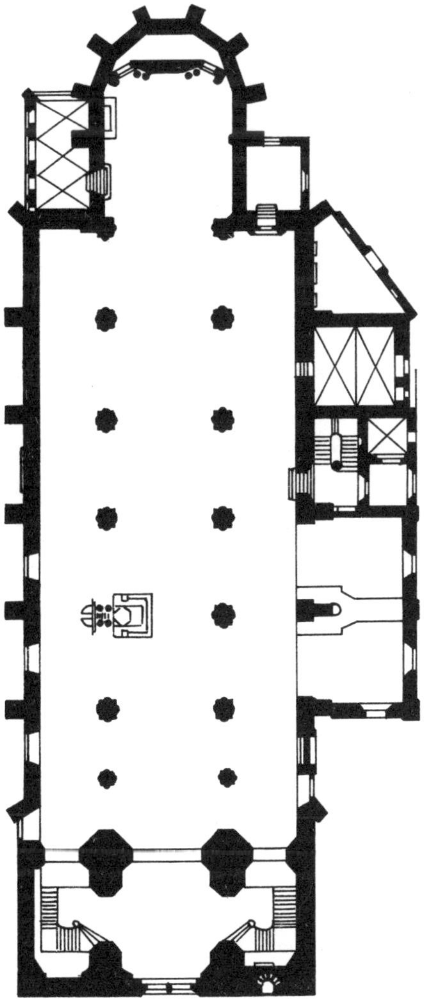

dem Erbauer des Brandenburger Tores. Helm und Untergeschoß aus Holz mit Kupferverkleidung und teilweiser Vergoldung bilden eine eigenwillige Mischung klassizistischer und gotischer Formen und machten den 90 Meter hohen Marienkirchturm zu einem der charakteristischsten Türme Berlins.

Das Westportal von 1613 ist ein bemerkenswertes Beispiel der norddeutschen Nachgotik des 17. Jahrhunderts. Westlich der gotischen Sakristei mit einfachem Staffelgiebel entstand 1728/29 ein großer Anbau, der den Kirchenraum durch eine zweijochige Ratsloge erweiterte. Bei umfangreichen Restaurierungsarbeiten 1893/94 unter Hermann Blankenstein wurde der Sakristeigiebel auch bei einem weiteren Anbau wiederholt. Das Innere, das zuletzt 1818 von Friedrich Wilhelm Langerhans renoviert worden war, erhielt jetzt farbige Glasfenster und eine neue Orgelempore für das von Johann Joachim Wagner 1720/21 gebaute und später mehrfach veränderte Werk mit 40 Registern und drei Manualen; den reichen barocken Prospekt hatten Johann Georg Glume und Paul de Ritter erst im Jahre 1742 vollendet.

Nach 1886 wurde die Marienkirche nach zwei Seiten von der winkligen und beengenden Umbauung durch Häuser am Neuen Markt befreit, um auch Platz zu schaffen für das 1895 vollendete Lutherdenkmal von Paul Otto und Robert Toberentz (im zweiten Weltkrieg beschädigt und 1953 abgetragen).

Der großzügige Innenraum, der sein Licht durch 25 spitzbogig gewölbte Fenster erhält, besteht aus dem sechsjochigen Hauptschiff mit dem in gleicher Breite fortlaufenden Chor und aus zwei schmaleren, aber fast gleich hoch gewölbten Seitenschiffen. Haupt- und Nebenschiff ruhen auf zwölf Pfeilern, von denen zwei als halbe Wandpfeiler in den Chor fallen, der ein an sieben Seiten geschlossenes Zwölfeck bildet.

Langhaus und Chor besitzen Kreuzrippengewölbe, nur der Westbau erhielt Netzgewölbe. Die hohen, schlanken achteckigen Pfeiler mit vorgelegten Diensten, deren kleine Kapitelle 1817–19 verändert wurden, sind denen der Nikolaikirche ähnlich. Die Gesamtlänge der Kirche einschließlich der Turmhalle mit einer äußeren Breite von 24,10 Metern beträgt 77 Meter. Der Chor ist 10,50 Meter breit, die sechs Joche haben eine lichte Breite von 21,20 Metern.

1945 erlitt der Sakralbau Beschädigungen, die aber relativ schnell behoben werden konnten. Die letzte gründliche Restaurierung erfolgte 1969. Die reiche Ausstattung, die nach dem zweiten Weltkrieg noch durch Gemälde, Plastiken und andere Stücke aus der Franziskanerkloster- und der Nikolaikirche vermehrt wurde, gibt eine ausgezeichnete Vorstellung von der Entwicklung der Malerei und Skulptur in Berlin vom 14. bis zum 18. Jahrhundert.

Der erst 1860 wiederentdeckte 22,60 Meter lange Totentanz, eine einzigartige Wandmalerei aus dem letzten Viertel des 15. Jahrhunderts, zeigt in 28 Szenen den Tod mit Vertretern der verschiedenen Stände. Unter dem Fries der fast lebensgroßen Figuren zieht sich ein Schriftband mit ursprünglich 362 Versen in niederdeutscher Mundart entlang, den ältesten erhaltenen Zeugnissen Berliner Dichtung. Ursprünglich in Leimfarben auf trockenen Kalkputz gemalt, wurde der Totentanz zunächst von Friedrich Fischbach wiederhergestellt und teilweise ergänzt, danach noch mehrfach übermalt und zuletzt 1955–58 restauriert. Die Darstellung in der Marienkirche ist seit der Vernichtung anderer Totentanzwandgemälde im zweiten Weltkrieg das einzige derartige erhaltene Beispiel der deutschen Kunst.

Ein künstlerisch überragendes Werk ist die 1703 von Andreas Schlüter geschaffene reliefgeschmückte Marmorkanzel, deren hölzerner Schalldeckel von einer barocken Puttengruppe und einer Strahlensonne bekrönt wird. Zwei Engelsgestalten scheinen den Kanzelkorb zu tragen, dessen Reliefs Allegorien von Glaube, Liebe und Hoffnung zeigen. 1949/50 wurde die Kanzel aus liturgischen Gründen vom zweiten westlichen Pfeiler an den zweiten östlichen Pfeiler der Nordreihe versetzt.

Auf dem bronzenen Taufkessel von 1437 sind Christus und Maria im Kreise der zwölf Apostel dargestellt.

Der 1757 beseitigte gotische Schnitzaltar wurde 1762 durch einen Barockaltar nach Entwurf von Andreas Krüger ersetzt, für den Christian Bernhard Rode eine Kreuzabnahme malte.

Zahlreiche Epitaphe und Grabmäler schmücken die Wände des Kirchenraumes. Die bemerkenswertesten sind am Ostende des linken Seitenschiffes das Renaissancegrabmal des Ehrenreich von Röbel (gest. 1630) und seiner Gattin, sowie an der nördlichen Chorwand das Wandgrab des Feldmarschalls Graf Sparr, eine vor dessen Tod im Jahre 1688 vermutlich von Artus Quellinus d. Ä. in Amsterdam geschaffene Arbeit. Das schöne Gitter des Sparrschen Grabmals wurde vor das Röbelsche versetzt.

Das Triumphkreuz von 1485, die Plastiken von vier Aposteln vom Ende des 15. Jahrhunderts sowie drei Reliefplastiken eines Altars um 1500 kamen in das Märkische Museum.

Am 16. August 1325 wurde vor der Marienkirche der Propst Nikolaus Griax von Bernau von empörten Berlinern erschlagen und auf dem nebenliegenden Marienkirchhof verbrannt. Der Propst war Anhänger des Papstes Johannes XXII. und Gegner des Kaisers Ludwig IV., des Bayern, der seinen Sohn Ludwig V., den Älteren, 1323 als brandenburgischen Markgrafen eingesetzt hatte und vom Papst mit dem Bann belegt worden war. Die Berliner ebenso wie die Bürger von Frankfurt an der Oder und Brandenburg standen auf seiten des Kaisers. Zur Sühne mußte unter anderem an der Stelle, wo der Propst getötet worden war, ein 3,50 Meter hohes Holzkreuz errichtet werden. Das kleine Steinkreuz, das heute am Fuß des Turmes vor dem Hauptportal steht, ist nicht dieses Sühnekreuz, sondern stammt wahrscheinlich vom alten Marienkirchhof.

Georgenkirche

Die Kapelle des St.-Georgs-Hospitals wird erstmalig in einer Urkunde vom 14. August 1283 erwähnt. Das für Aussätzige und Fremde bestimmte Spital lag außerhalb der Mauern Berlins vor dem alten Bernauer Tor – dem späteren Georgen- und seit 1701 Königstor – jenseits des Alexanderplatzes – bis 1805 Ochsenplatz – zwischen der Neuen Königs- und der Landsberger Straße. 1887 wurde es mit dem Hospital zum Heiligen Geist vereinigt und nach dem Wedding verlegt.

Über das ursprüngliche Aussehen der in der zweiten Hälfte des 13. Jahrhunderts erbauten Kapelle ist nichts bekannt. 1689 wurde sie zur Pfarrkirche für die Vorstädte vor dem Spandauer, dem Stralauer und dem Oderberger Tor – und damit der späteren Königsstadt – erklärt und das Hospital von der Georgenkirche abgetrennt. Bei Erweiterungen 1693–95 und 1703/04 erhielt das mittelalterliche Gebäude im Osten eine Sakristei und ein Grabgewölbe unter dem Kirchenschiff. Für einen an der Westseite 1712–14 errichteten mehrstöckigen massiven Turm mit Barockhelm statt des bisherigen Dachreiters goß Johann Jacobi zwei neue Glocken. An die Stelle der einfachen Orgel von 1690 trat 1727 ein neues größeres Werk von Joachim Wagner. 1779/80 ersetzte Oberbaudirektor Naumann jun. die baufällig gewordene und abgebrochene Kirche durch einen geräumigen Neubau. Diese 45,20 Meter lange und 20 Meter breite Saalkirche mit doppelten Emporen aus Holz war mit dem alten Turm verbunden. Den Bildschmuck für den Kanzelaltar in der Mitte der Langseite malte Christian Bernhard Rode; das Altarbild von 1780 zeigte »Petrus nach der Verleugnung«, die Kanzel Gruppen von Genien mit Sinnbildern der Tugend und Ewigkeit. Die von Carl August Buchholz gebaute Orgel befand sich seitwärts auf der Empore. 1827 erfolgte eine Restaurierung der Kirche einschließlich des Turmes.

Infolge der Zunahme der Einwohnerzahl nach der Mitte des 19. Jahrhunderts wurden in der Zeit von 1742 bis 1911 von St. Georgen insgesamt elf neue Kirchgemeinden abgezweigt. Nach einem kirchlichen Beschluß von 1889 wurde das alte, relativ unscheinbare Gotteshaus auf dem Georgenkirchplatz

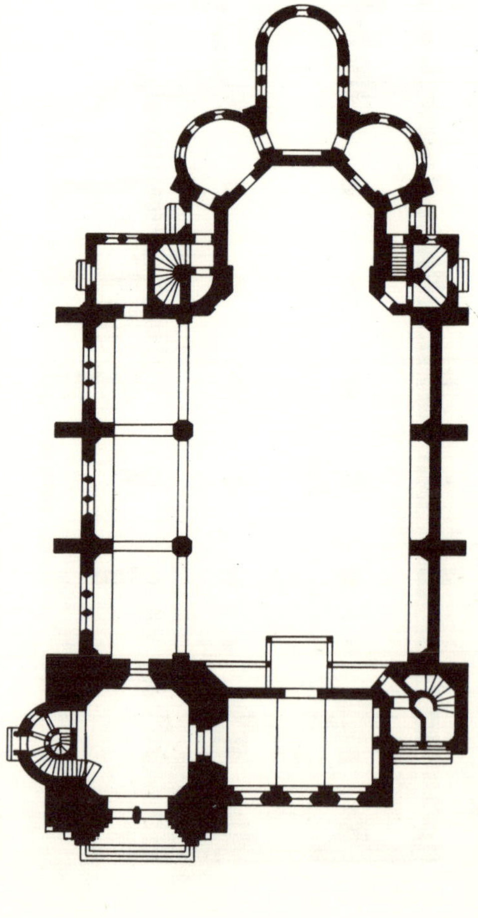

1894–98 durch einen repräsentativen Neubau von Johannes Otzen ersetzt. Die 1290 Sitzplätze bietende dreijochige Langhausanlage mit einem nördlichen Seitenschiff war als Backsteinbau in Anlehnung an den sogenannten deutschen Übergangsstil des Mittelalters errichtet worden, das heißt einer Mischung aus neoromanischen und neogotischen Stilelementen. An den sehr geräumigen, fast 10 Meter tiefen und zu fünf Achteln geschlossenen Chor im Osten waren die Sakristei und ein Nebensaal angebaut. An der Westseite lagen eine Vorhalle und der 106 Meter hohe, weithin sichtbare spitze Hauptturm, der im Untergeschoß gleichzeitig den Haupteingang bildete. Im Westgiebel befand sich eine Sandsteinstatue des heiligen Georg, über dem Portal ein Christusbild. Der sterngewölbte und von Emporen umgebene 23,30 Meter breite Innenraum besaß einen reichen plastischen und malerischen Schmuck aus der Erbauungszeit, darunter farbige Glasmosaiken im Chor und an der Orgelnische. Einige Werke waren aus dem Vorgängerbau übernommen worden. Die Anfang 1945 mehrfach von Bomben getroffene Georgenkirche wurde bis auf den Turm zerstört und 1950 abgetragen. Einige ältere Ausstattungsstücke blieben erhalten und kamen in andere Kirchen Berlins.

Heiliggeist-Kapelle

Das Hospital zum Heiligen Geist am ehemaligen Spandauer Tor wird zum ersten Mal in einem lateinischen Innungsbrief des Berliner Rates an die Schneider im Jahre 1288 erwähnt. Das 1825 abgerissene Hospital, eine der ersten derartigen sozialen Einrichtungen in der Mark Brandenburg, war zur Pflege kranker und altersschwacher Pilger bestimmt. Die zugehörige Kapelle, ein frühgotischer Backsteinbau auf Feldsteinsockel, wird zuerst in einem Schenkungsbrief von 1313 genannt. Der kleine rechteckige, einschiffige dreijochige Bau ist 9,40 Meter breit und 16,78 Meter lang. Ursprünglich war die Kapelle innen flach gedeckt und erhielt erst 1476 das bis heute erhaltene bemerkenswerte spätgotische Sterngewölbe im Inneren. Die schlichte Ostfront mit drei Fenstern zur Spandauer Straße bekam vermutlich bei der Umgestaltung von 1476 auch den reicher gegliederten Giebel mit staffelförmigem Aufbau. Der gleichzeitig der Westseite aufgesetzte kleine Dachreiter wurde 1611 erneuert. 1597 ließen die sechs Vorsteher des Hospitals eine Vorhalle für die Kapelle errichten, an deren Südseite noch vermauerte gotische Spitzbogenfenster erkennbar sind. Von 1655 bis 1703 diente die Heiliggeistkapelle als Garnisonkirche Berlins.

Bei der Explosion des nahen Pulvermagazins im mittelalterlichen Spandauer Torturm im Jahre 1720 wurde nicht nur die erst 1703 eingeweihte Garnisonkirche zerstört, sondern auch die Kapelle beschädigt. Bei der Wiederherstellung wurde der kleine Turm abgetragen. 1829 sowie in den sechziger Jahren des 19. Jahrhunderts folgten gründliche äußere und innere Restaurierungen des Gebäudes. Ein Stadtrat Hollmann stiftete 1834 eine Orgel für die Kapelle, in der noch bis 1905 Gottesdienste abgehalten wurden.

1906 wurde die Kapelle an der Ecke Heilige-Geist- und Spandauer Straße geschickt als Vortragssaal in den Neubau der nach Plänen des Architektenbüros Cremer & Wolffenstein errichteten Handelshochschule einbezogen. Den Ältesten der Berliner Kaufmannschaft war es zu danken, daß der kleine mittelalterliche Bau vor dem Abriß bewahrt blieb. Nach leichteren Beschädigungen im zweiten Weltkrieg wurde die Kapelle vereinfacht wiederhergestellt, ihre Fassade 1978/79 restauriert. Sie gehört heute zum Komplex der Wirtschaftswissenschaftlichen Sektion der Humboldt-Universität zu Berlin und wird als Mensa genutzt.

Ursprünglich schmückten ein spätgotischer Schnitzaltar mit gemalten Flügeln, dessen Reste ins Märkische Museum gelangten, und eine geschnitzte Darstellung des Sündenfalles den Innenraum. Bei der Einrichtung des Hörsaales wurden das Chorgestühl und die umlaufende hölzerne Empore von 1597 entfernt sowie die Glasgemälde erneuert. Die 29 Brüstungstafeln der Empore mit biblischen Darstellungen, die zwischen 1577 und 1646 entstanden, wurden zunächst als Wandtäfelung wiederverwendet und kamen später in verschiedene Berliner Dorfkirchen.

Dominikaner-Klosterkirche

Im Jahre 1297 wurde in Kölln an der Spree ein Dominikanerkloster gegründet. Die für das Kloster des Bettelmönchsordens in der Mitte des 14. Jahrhunderts erbaute dreischiffige gotische Hallenkirche mit einem kleinen Chor und Staffelgiebeln war nach Dominikanerregel ursprünglich turmlos und besaß nur einen kleinen Dachreiter über dem Chor. Diese Klosterkirche vereinigte Kurfürst Joachim II. 1536 mit der Schloßkapelle zu einem Domstift. Die »schwarzen Brüder« siedelten nun nach Brandenburg/Havel in das dortige, 1286 gestiftete Dominikanerkloster über.

1538 erhielt die Westfront der ehemaligen Klosterkirche auf dem Schloßplatz turmartige Aufsätze mit hohen spitzen Kupferhelmen, und über den einschiffigen Chor wurde ein niedriger Uhrturm gesetzt. Noch nach Einführung der Reformation in der Mark Brandenburg im Jahre 1539 ließ Joachim II. die Kirche ungewöhnlich prunkvoll mit Paramenten, Schaugeräten und Reliquien, Ornaten, Chorgewändern, Teppichen und Antependien sowie Bildern von Lucas Cranach d. Ä. ausstatten. Seit 1545 diente das Gotteshaus auch als Begräbnisstätte für das Hohenzollernsche Herrscherhaus.

Nach Auflösung des Domkapitels im Jahre 1608 wurde der Dom zur obersten Pfarrkirche in Kölln an der Spree erklärt und der heiligen Dreifaltigkeit geweiht. Das westliche Turmpaar mußte 1667 wegen Baufälligkeit abgerissen werden und wurde bei der letzten umfassenden Instandsetzung durch den Schlüterschüler Martin Böhme 1717/18 in Barockformen erneuert. Dabei wurde auch das Dach des Langhauses vereinfacht.

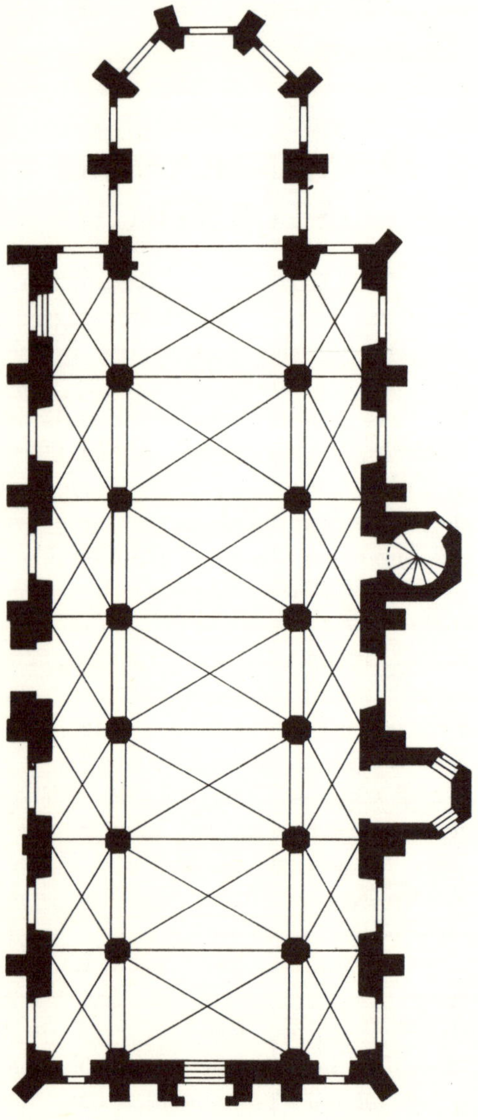

Die 1656 geschaffene Domkanzel hatte Kurfürst Friedrich III. bereits 1690, im Zusammenhang mit einer Renovierung des Gebäudes, der Dorotheenstädtischen Kirche geschenkt. Ab 1688 fanden in der ehemaligen Dominikanerklosterkirche auch Gottesdienste der französisch-reformierten Gemeinde in Berlin statt. 1747 wurde die rund 59 Meter lange Domkirche, die dem Schlüterschen Schloßbau nicht mehr angemessen schien und für deren Erhaltung keine Mittel mehr aufgewendet wurden, abgerissen und gleichzeitig mit einem Neubau an wirkungsvollerer Stelle, am Lustgarten, begonnen. Aus der abgebrochenen mittelalterlichen Kirche kamen in den Nachfolgebau u. a. die Sarkophage der Hohenzollern und die 1471 gegossene große Domglocke.

Bei umfangreichen Ausgrabungen auf dem Schloßplatz im Jahre 1880 wurden Fundamente der Klosterkirche sowie verschiedener Klostergebäude freigelegt. Die Gebeine der Kurfürsten Johann Cicero, Joachim I. und Joachim II. konnten allerdings in keinem der Grabgewölbe gefunden werden.

Gertrauden-kirche

Die erste Gertraudenkapelle wurde gemeinsam mit dem Gertrauden-Hospital 1405–11 vor dem Teltower Tor – dem späteren Gertraudentor – des alten Köllns erbaut und war der heiligen Gertrud als der Schutzheiligen von Pilgern und Reisenden geweiht. Die damalige Gertrauden-Bastion war bis 1734 der Begräbnisplatz für das Hospital, nach dem der Platz seinen Namen Spittelmarkt erhielt.

Die einschiffige spätgotische Kapelle mit Chorabschluß und verziertem Giebel war ein etwa 16 Meter langer und 9 Meter breiter gewölbter Ziegelbau. Ein schmaler Turm mit dem Hauptportal befand sich an der Westseite. Als im Dreißigjährigen Krieg die Berliner Vorstädte abbrannten, wurde auch die kleine Kirche schwer beschädigt.

Durch Stiftungen konnte sie schon 1646 wiederhergestellt und ein neues Hospital gebaut werden. Das Gertrauden-Hospital bestand in der Leipziger Straße Nr. 62 noch bis 1872.

Die Gertrauden- oder Spittelkirche wurde 1711 restauriert. Aber schon 1739 erfolgte auf Befehl Friedrich Wilhelms I. nach den Plänen von Friedrich Wilhelm Diterichs unter der Leitung Titus de Favres eine Erweiterung und ein völliger Umbau im Barockstil. An seinen Langseiten erhielt das Gotteshaus kurze Querflügel, am Chor einen achteckigen Anbau und an der Westseite einen repräsentativeren Turm. Weitere Veränderungen folgten 1777 und 1790. Der alte Spitalfriedhof wurde nun zum Marktplatz.

Karl Friedrich Schinkel versuchte 1833, das mittelalterliche Aussehen des Sakralbaus wiederherzustellen. Der Barockturm wurde entfernt und durch eine niedrige Giebelvorhalle mit zwei vergoldeten Kreuzen ersetzt. Im neugestalteten einfachen Innern wurden zu den Seiten des Altars Eisenbüsten von Luther und Melanchthon aufgestellt. Im Jahre 1881 mußte die inzwischen ziemlich verfallene Kirche dem wachsenden Großstadtverkehr auf dem Spittelmarkt weichen. Teile eines Altarschreins aus dem 15. Jahrhundert kamen ins Märkische Museum, der Kanzelaltar von 1739 in die Dorfkirche von Lübars.

Kapellen im Berliner Schloss

Die Baugeschichte des Berliner Schlosses umfaßt nahezu ein halbes Jahrtausend: sie beginnt 1443 unter Kurfürst Friedrich II., genannt Eisenzahn, und endet unter Kaiser Wilhelm II. Anfang des 20. Jahrhunderts. In diesem langen Zeitraum entstanden auch drei Schloßkapellen in verschiedenen Trakten des gewaltigen Baukomplexes auf der Spreeinsel. Bereits die Markgrafenburg Friedrichs II. besaß an der Flußseite eine gotische Kapelle, die dem heiligen Erasmus geweiht war. 1451 beauftragte Papst Nikolaus V. den Bischof von Brandenburg, die Burgkapelle im neuen Schloß zu Kölln an der Spree nach dem Antrag des Kurfürsten in eine Pfarrkirche umzuwandeln und den Pfarrer zum ständigen Hauskaplan der kurfürstlichen Familie zu erheben. Am 7. April 1465 erfolgte durch Papst Paul II. wiederum auf Bitte des Kurfürsten die Umwandlung in eine Kollegiatkirche, ein Domstift. Bischof Dietrich von Brandenburg führte die vom Kurfürsten gewählten und vorgestellten acht Domherren in ihr Amt ein.

Über das genaue Aussehen des Raumes, der den gleichen Grundriß hatte wie die spätere Renaissancekapelle, ist nichts bekannt. Nach Grabungsfunden war der Fußboden mit Tonfliesen belegt. Das Feldsteinmauerwerk war im Innern mit Ziegelsteinen verblendet.

Die zweite Erasmuskapelle war unter Kurfürst Joachim II. von 1538 an durch Caspar Theiß unter Einbeziehung von Teilen der gotischen Markgrafenburg erbaut worden und trat an der Spreeseite des Schlosses durch ihren Turmaufbau mit hohem, spitzem Giebeldach hervor. Mit ihren Vorhangbögen und Kandelabersäulen war sie stilistisch gleichzeitigen sächsischen Renaissancebauten verwandt, was sich dadurch erklären läßt, daß Caspar Theiß 1537/38 selbst am Torgauer Schloßbau beteiligt war. Die Gemeinde der französischen Protestanten in Berlin hielt von 1682 bis 1685 in der vom Kurfürsten nicht mehr benutzten Kapelle ihre Gottesdienste ab.

Der ursprünglich durch zwei Geschosse reichende eindrucksvolle Raum wurde im Laufe der Jahrhunderte mehrfach verändert. König Friedrich II. ließ die Kapelle 1742–47 durch eine Balkenlage in der Höhe teilen und eine Treppe einbauen. Schinkel richtete hier 1824–27 für den späteren König Friedrich Wilhelm IV. Arbeitszimmer und Bibliothek ein und sorgte gleichzeitig dafür, daß das wertvolle Deckengewölbe restauriert wurde. 1892/93 wurden dann sogar Teilungswände für drei Zimmer eingezogen. Anfang der zwanziger Jahre unseres Jahrhunderts ließ die neugebildete Staatliche Verwaltung der Schlösser und Gärten alle Einbauten entfernen, wodurch das reiche spätgotische Schlingrippengewölbe wieder voll zur Geltung kam.

Der durch zwei Rundpfeiler zweischiffig gestaltete Raum war ursprünglich mit Emporen versehen sowie mit Altären und zahlreichen Bildern geschmückt. Darunter befanden sich mehrere Passionsdarstellungen von Lucas Cranach d. Ä., die nach 1536 in die Domkirche auf dem Schloßplatz kamen. Die Gewölberippen waren aus Sandstein, ebenso die beiden bis zum Fußboden des unteren Geschosses erhaltenen Säulen. Die spätgotischen Elemente herrschten im Innern zwar vor, aber auch wesentliche Frührenaissanceornamente waren vorhanden, so an den flachen Verspannungsbögen, die das gotische Gewölbe durchzogen. Der plastische Schmuck geht vor allem auf Hans Schenk, gen. Scheußlich, aus Schneeberg in Sachsen zurück. Vermutlich war die Kapelle ursprünglich reich ausgemalt, ähnlich wie andere Schloßkapellen des 16. Jahrhunderts und andere Teile des Berliner Schlosses. Unter Schinkel wurden in diesem Sinne die Verzierungen in den Verspannungsbögen und an den Rippen vergoldet sowie die Schlußsteine und Wappen farbig behandelt. Die zweite Erasmuskapelle war bis zur Zerstörung des Schlosses gemeinsam mit dem sogenannten Grünen Hut, ursprünglich ein Befestigungsturm der Köllnischen Stadtmauer aus dem 13. Jahrhundert, und dem Hofapothekenflügel der wichtigste, bis ins 20. Jahrhundert erhaltene Rest des Renaissancebaues.

Der Umbau des Schlosses zu einer einheitlichen Barockanlage erfolgte 1698–1706 unter der Leitung von Andreas Schlüter. Durch seine genialen architektonischen, bildhauerischen und raumkünstlerischen Entwürfe wurde das Berliner Schloß zu einem der bedeutendsten Zeugnisse deutscher Barockkunst.

Im 2. Obergeschoß des nordöstlichen Schloßtraktes zum Lustgarten schuf Schlüter für den 1701 zum König Friedrich I. gekrönten Kurfürsten Friedrich III. eine Folge prunkvoll ausgestatteter Festräume, zu der auch eine 1704 gebaute Kapelle gehörte. Korinthische rote Stuckmarmorsäulen trugen das Gebälk der emporenartigen Galerie. Die elliptische, gewölbte Decke mündete in eine Laterne. Christian Bernhard Rode malte die Freskobilder der Decke, Pierre Mercier fertigte die gewirkte Wandbespannung. 1879/80 wurde diese sogenannte Alte Kapelle zum Kapitelsaal des Schwarzen Adlerordens umgewandelt. Dabei wurden die Raumdekoration und die Supraporten erneuert, die Westwand umgestaltet – die von Schlüter geschaffene barocke Raumwirkung der für Taufen und Trauungen bestimmten Hofkapelle blieb aber im wesentlichen erhalten.

Mit der imposanten Kapellenkuppel über dem barocken Eosander-Portal an der Schloßfreiheitsseite vollendeten Friedrich August Stüler und Albert Dietrich Schadow 1845–52 die Reihe der historischen Schloßräume aus vier Jahrhunderten. Dieses Hauptwerk der romantischen Baurichtung unter König Friedrich Wilhelm IV., der selbst maßgeblichen Einfluß auf die Entwürfe nahm, geht auf Planungen Schinkels zurück.

Bis zu einer Höhe von 70 Metern erhob sich die elliptische kupfergedeckte Kuppel auf achtseitigem Unterbau mit insgesamt 24 Fenstern und umlaufender Galerie. An den acht Ecken der Galerie befanden sich Statuen der vier großen und von vier kleinen Propheten. Über der Kuppel sah man eine von acht Engeln getragene Laterne mit Kuppel und darüber auf einer Kugel das vergoldete Kreuz. Die damals neuartige gußeiserne Kuppelkonstruktion wurde in den Werkstätten von August Borsig vor dem Oranienburger Tor hergestellt. Die Tonwarenfabrik von Ernst March Söhne in Charlottenburg lieferte die Bauornamente.

An der künstlerischen Ausgestaltung des Raumes von 22,21 und 20,65 Meter Durchmesser und 34,50 Meter Höhe wirkten allein 17 Maler mit. Wände und Fußboden der Kapelle, die über 700 Sitzplätze hatte, waren mit verschiedenfarbigen seltenen Marmorarten belegt. Die an altchristliche Vorbilder anknüpfenden Fresken auf Goldgrund wurden von Adolph Henning, August Kaselowsky, August von Kloeber, Eduard Steinbrück, Eduard Daege, Julius Schrader, August Hopfgarten, Karl Gottfried Pfannschmidt und anderen geschaffen und stellten biblische Szenen sowie zahlreiche für die Religionsgeschichte bedeutende Personen und Vorfahren des preußischen Herrscherhauses bis zu Friedrich Wilhelm III. dar. Hinter dem Altar mit vier goldgelben ägyptischen Alabastersäulen stand ein vergoldetes, edelsteinbesetztes Silberkreuz, das den erheblichen Wert von 500 000 Talern hatte. Als Kandelaber dienten zehn Säulen aus carrarischem Marmor, aus dem auch die beiden Kanzeln gearbeitet waren. Zwischen den 24 Seitenfenstern, die die Kuppel erhellten, standen kolossale Engelstatuen, die als Karyatiden das Gesims der Wölbung trugen. Eine Galerie mit vergoldeter Balustrade zog sich unter der Kuppel herum. Am umlaufenden Fries des Gesimses waren biblische Sprüche zu lesen. Da keine Orgel vorhanden war, wirkten beim Gottesdienst Bläser und der Königliche Domchor mit.

Das 1944/45 schwer beschädigte Schloß – und mit ihm die drei Kapellen – wurde 1950/51 beseitigt.

Jerusalemer Kirche

Die am Schnittpunkt von Jerusalemer, Linden- und Kochstraße gelegene Jerusalemer Kirche war ursprünglich eine kleine Kapelle vor dem Leipziger Tor und zugleich der älteste Sakralbau der nach 1688 entstandenen Friedrichstadt. Der Überlieferung nach soll die Kapelle im Jahre 1484 von einem Bürger namens Müller zum Andenken an seine Wallfahrt nach Jerusalem und Genesung von Krankheit gestiftet worden sein. Dieser kleine Bau, über dessen Aussehen nichts Näheres bekannt

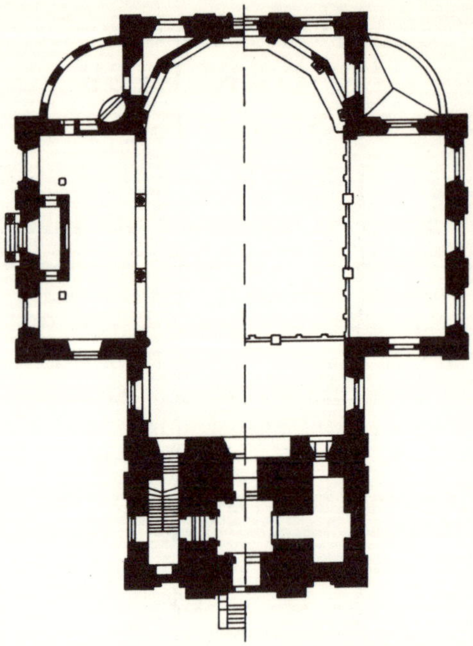

ist, wurde zuerst 1679/80 und 1689, dann 1693–95 durch Giovanni Simonetti umgebaut und erweitert. Ein stattliches barockes Erbbegräbnis ließ 1701 der Kammergerichtsrat Krause – nach ihm ist die nahe gelegene Krausenstraße benannt – an die Kirche anbauen.

Die Vergrößerung der Friedrichstadt erforderte einen Neubau, den Philipp Gerlach 1726–28 ausführte. Diese Kirche hatte den Grundriß eines griechischen Kreuzes mit einem 72 Meter hohen Turm am südlichen Arm. Der stattliche, 1731 vollendete Barockturm gab dem ansonsten einfachen zweigeschossigen Putzbau einen besonderen Akzent. Der obere hölzerne Turmteil mußte allerdings schon 1747 wegen Baufälligkeit abgetragen werden und wurde auch nicht erneuert. Eine neue Turmspitze erhielt die Kirche erst 1838 bei einem Umbau, der ab 1837 nach Plänen Schinkels durchgeführt wurde.

In der 31 Meter langen und 16,32 Meter breiten Kirche standen im Südarm gegen die Wand des Turmes übereinander der Kanzelaltar und die Orgel. Das 1723 von Johann Joachim Wagner gebaute Orgelwerk stammte aus der 1730 abgebrochenen Potsdamer Garnisonkirche und wurde der Jerusalems-Gemeinde von Friedrich Wilhelm I. geschenkt. Die flache Decke ruhte auf Holzsäulen, die auf breiten Pfeilern in Höhe der Emporen lagerten.

Einem Neubau kam die Umgestaltung von 1878/79 durch Edmund Knoblauch gleich. Sie erfolgte in einem Rundbogenstil, wie er im letzten Drittel des 19. Jahrhunderts in Berlin häufiger anzutreffen ist, beispielsweise auch bei der 1866–73 von August Orth vor dem Rosenthaler Tor erbauten Zionskirche. Die alten Umfassungsmauern der Jerusalemer Kirche bekamen eine rotgelbe Backstein- und Terrakottaverkleidung, der Innenraum mit fast 1400 Sitzplätzen erhielt eine große gegliederte Holzdecke, farbige Glasfenster und eine historisierende Ausmalung. Der Schinkelsche Turm wurde neoromanisch verändert, auf 72 Meter erhöht und erhielt insgesamt acht kleine Ecktürmchen. Die neue Orgel der Werkstatt Wilhelm Sauer in Frankfurt/Oder hatte zwar nur 36 Register, galt aber als ein Meisterwerk und trug mit dazu bei, daß die Jerusalemer Kirche eines der wichtigsten kirchenmusikalischen Zentren in Berlin wurde. Eine Christusstatue des Bildhauers Heißler wurde 1900 vor dem Altar aufgestellt.

Im Februar 1945 wurde die Kirche durch Bomben zerstört und ihre Ruine 1961 beseitigt.

Dorotheenstädtische Kirche

Die Dorotheenstädtische Kirche war der erste protestantische Kirchenneubau in Berlin. Als Pfarrkirche der 1674 von Kurfürst Friedrich Wilhelm gegründeten Dorotheenstadt erhielt auch sie ihren Namen nach der Kurfürstin Dorothea. Der Sakralbau wurde 1678–87 vermutlich von Rutger von Langerfeld und dem seit 1653 als Hofbaumeister tätigen Michael Matthias Smids zwischen Dorotheenstraße (heute Clara-Zetkin-Straße), Neustädtischer Kirchstraße und Mittelstraße errichtet. Diese Kirche war eine einfache Zentralanlage in Form eines griechischen Kreuzes mit vier niedrigen Anbauten in den Winkeln der Kreuzarme sowie einer östlichen fünfeckigen Apsis. Das Äußere war relativ schmucklos; lediglich die hohen Rundbogenfenster zeigten Maßwerkteilung. Im Schnittpunkt der Dachflächen, über der Vierung, saß eine kleine, viereckige hölzerne Laterne. Unter der Kirche befanden sich Grabgewölbe.

Ab 1688 fanden die Gottesdienste der Hugenotten in der Dorotheenstädtischen Kirche statt. 1697 erwarb die französische Gemeinde zu Berlin das halbe Eigentumsrecht an dem Gebäude, das sie erst 1858 aufgab.

In den Jahren 1861–63 erfolgte durch die Architekten Habelt, Otto und Hoffmann ein völliger Umbau als kreuzförmige Backsteinbasilika, die in der spätklassizistischen Nachfolge der Schinkelschule stand. Diese neue Kirche mit fast quadratischem Grundriß besaß eine östliche Altarapsis und einen hohen quadratischen Westturm mit spitzem Holzhelm. Die Seitenschiffe wurden von je sechs helmbekrönten Pfeilern flankiert. Außerdem wurden zwei gedeckte Bogenhallen mit Terrakotten sowie zwei Kapellen rechts und links der Altarapsis angebaut. In der Berliner Königlichen Glasmalerei-Anstalt wurden drei große farbige Fenster mit Darstellungen von Christus, Petrus und Paulus angefertigt.

Im südöstlichen Anbau rechts vom Altar befand sich das Wandgrabmal des 1787 neunjährig verstorbenen Grafen Alexander von der Mark, Sohn König Friedrich Wilhelms II. und der Gräfin Lichtenau (heute in der Nationalgalerie der Staatlichen Museen zu Berlin).

Johann Gottfried Schadow vollendete dieses erste Hauptwerk und eines der bedeutendsten Grabmäler des Klassizismus in Europa 1790: auf einem Sarkophag der schlafende Knabe; an den Seiten des Sarges Flachreliefs, vorn Hades den Knaben der Minerva entreißend, rechts und links Schlaf und Tod; darüber in einer Wandnische die drei Parzen. Die Figuren wurden aus weißem carrarischem Marmor geschaffen, die Wandarchitektur aus grauem und rötlichem Marmor.

Das 1902/03 von Albert Geyer umgestaltete und von Marno Kellner neu ausgemalte Innere erhielt anstelle der bisherigen Balkendecke ein Tonnengewölbe. Die noch erhaltenen wertvollen Grabdenkmäler wurden neu angeordnet, so für die Architekten Rutger von Langerfeld und Michael Matthias Smids sowie die Malerin Anna Dorothea Therbusch (die Epitaphe heute teilweise in den Staatlichen Museen zu Berlin und in der Schloßkapelle Köpenick). Für das 1824 errichtete Grabdenkmal des preußischen Staatskanzlers Karl August Fürst von Hardenberg schuf Ludwig Wichmann die Porträtbüste. Nach dem Modell Schadows zum Lutherstandbild in Wittenberg von 1821 führte Ernst Waegener 1909 eine 2,20 Meter hohe Marmorkopie aus, die neben dem Altar aufgestellt wurde und nach dem zweiten Weltkrieg auf den Dorotheenstädtischen Friedhof in der Chausseestraße kam. Waegener schuf auch 1912 eine neubarocke Bronzetafel zum 225. Jahrestag der Kircheneinweihung.

Die Dorotheenstädtische Kirche wurde im November 1943 von Bomben getroffen und brannte bis auf die Umfassungsmauern aus. 1965 wurde die Ruine abgebrochen.

Luisen-städtische Kirche

In der ehemaligen Köllnischen Vorstadt entstand für die 1694 von St. Petri abgezweigte Gemeinde bis 1695 als barocker Fachwerkbau die erste »Kirche vor dem Köpenicker Tor«. Dieses einfache kreuzförmige, fast 30 Meter lange Gebäude an der Alten Jacobstraße zwischen Stallschreiber- und Sebastianstraße entstand nach Plänen von Martin Grünberg. Ein kleiner hölzerner Turm auf der Dachmitte nahm die Glocken auf. Der Innenraum mit zwei Emporen war in weiß, gold und blau ausgemalt. Arp Schnitger baute eine 1707 eingeweihte Orgel. Nach dem Köllnischen Ratsherrn Sebastian Nethe, der den Bau besonders gefördert hatte, trug das Gotteshaus auch den Namen Sebastianskirche.

1753 wurde die inzwischen baufällig gewordene und durch eine Überschwemmung beschädigte Kirche abgebrochen. Der dicht daneben 1751–53 entstandene Neubau nach Plänen von Christian August Naumann und Johann Gottfried Büring war eine massive rechteckige Querhausanlage mit hohen Rundbogenfenstern. Altar und Kanzel standen inmitten des saalartigen Raumes von 41,40 Meter Länge und 18,80 Meter Breite. Aus Mangel an Geldmitteln blieb der viergeschossig geplante Turm vor der Front fast hundert Jahre unvollendet. Statt eines massiven Oberbaues bekam er nur ein provisorisches Glockenhaus aus Holz.

1774 erhielt die Sebastianskirche eine neue größere Orgel, 1792 ein Altarbild mit der Darstellung der Fußwaschung Christi und ein Bild des barmherzigen Samariters von Christian Bernhard Rode.

Nachdem die Vorstadt vor dem Köpenicker Tor ab 1802 zu Ehren der Königin Luise Luisenstadt hieß, änderte man den Namen des Gotteshauses in Luisenstädtische Kirche.

Auch bei der gründlichen Instandsetzung 1841/42 unter der Leitung des Bauinspektors Berger reichten die Mittel wiederum nicht für einen Ausbau des Turmes, der erst 1845 nach Plänen Friedrich August Stülers und Bergers zu Ende geführt wurde. Er besaß über den Schallöffnungen für die Glocken von 1695, 1755 und 1845 vier kleine Ecktürmchen mit Zinkhelmen und über der Mitte eine mit Schiefer gedeckte Spitze. Verändert wurde vor allem das von doppelgeschossigen Emporen umgebene Innere der Kirche. Der Kanzelaltar wurde nun in der Hauptachse an der Schmalseite aufgestellt, davor das schlichte graue Marmortaufbecken, die neue Orgel gegenüber auf der östlichen Empore der anderen Schmalseite. Der südliche Sakristeianbau wurde vergrößert. Ein Gemälde mit der Auferweckung der Tochter des Jairus malte Julius Schoppe 1841 für die Kirche. Die Decke des Raumes erhielt 1891 eine farbige Bemalung.

Oberhalb des Eingangs am Turm war die Sandsteinplatte mit der alten Bauinschrift von 1753 eingemauert. Im Gewölbe unter der Kirche befanden sich zahlreiche Erbbegräbnisse, darunter die für den Baumeister Naumann und den Verleger und Schriftsteller Friedrich Nicolai (gest. 1811). Auf dem umliegenden Friedhof war auch Wilhelm Friedemann Bach (gest. 1784) beigesetzt.

Im Februar 1945 brannte die Luisenstädtische Kirche nach einem schweren Bombenangriff bis auf die Umfassungsmauern aus, und das Inventar wurde zum größten Teil vernichtet. Die Ruine wurde 1964 beseitigt.

Parochial-kirche

An der Ecke Kloster- und Parochialstraße wurde die Parochialkirche als erster bedeutender barocker Sakralbau Berlins 1695–1703 nach Entwürfen Johann Arnold Nerings durch Martin Grünberg errichtet. Der Grundriß orientierte sich am Vorbild der Kirche Santa Maria della Consolazione zu Todi in Umbrien. Nach dem Einsturz des massiv aufgeführten Kuppelgewölbes im Jahre 1698 ließ Grünberg über dem Mittelquadrat ein Holzgewölbe einbauen. Nun wurde auch der ursprüngliche Plan Nerings einer Zentralanlage mit vier halbrunden Anbauten vereinfacht. An die Stelle kuppelartiger Dächer mit Dachreiter über der Vierung wollte Grünberg eine selbständige Vorhalle mit stattlichem Turm setzen. Während dann 1703 die Einweihung der Kirche stattfand, wurde der 66,25 Meter hohe kupfergedeckte Turm mit obeliskartiger Spitze erst 1713/14 nach einem Entwurf Jean de Bodts durch Philipp Gerlach aufgeführt. Das der Gemeinde

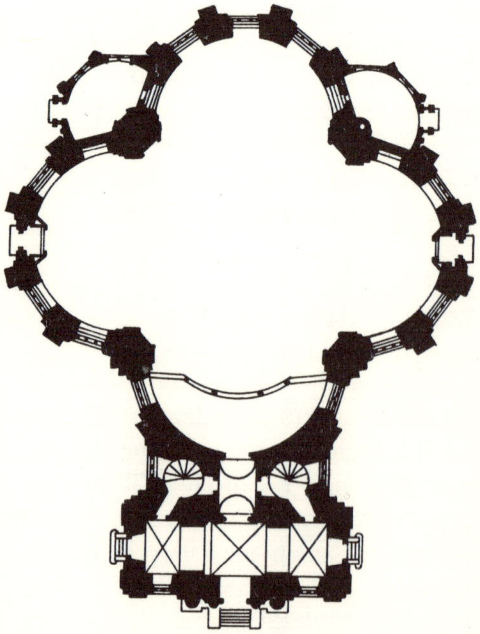

von Friedrich Wilhelm I. geschenkte Glockenspiel erklang zum erstenmal am Neujahrstage 1715 von diesem Turme. Es war ursprünglich für den verunglückten und abgebrochenen Schlüterschen Münzturm am Schloß bestimmt gewesen. Dieses von Johann Jacobi gegossene Spiel klang jedoch nicht harmonisch genug und wurde schon 1717 durch ein neues mit 37 Glocken von Albert de Grave aus Amsterdam ersetzt. Es konnte von Hand oder mit Hilfe einer Walze betrieben werden und war mit seinem halbstündlichen Choralspiel bis zu seiner Vernichtung im zweiten Weltkrieg ein besonderes Wahrzeichen Alt-Berlins. Die vier Glocken des normalen Geläuts waren ebenfalls von Jacobi gegossen worden. 1731 erhielt die Kirche eine von Johann Joachim Wagner gebaute Orgel.

Nach einer Umgestaltung des Innern 1837–39 erfolgte vor allem 1884/85 ein größerer Umbau durch die Architekten Gustav Knoblauch und Wex. Sie beseitigten die vorhandenen Emporen, fügten im Westflügel eine neue ein und schufen zwei Anbauten zu beiden Seiten des Altarraumes für Sakristei und Konfirmandenraum. Der Kanzelaltar wurde getrennt; die Barockkanzel von Johann Christoph Döbel erhielt an einem Eckpfeiler einen neuen Platz, der Altar in der östlichen Chornische. 1891 wurden das obere Turmgeschoß und das Glockenspiel völlig überholt und kleinere Veränderungen durch August Orth vorgenommen.

Am 29. Mai 1944 brannte die Parochialkirche mit ihrem gesamten Inventar aus, und die oberen Turmteile mit dem Glockenspiel stürzten ein. Erhalten blieben die unter dem Fußboden liegenden 30 gewölbten Grabkammern mit Sarkophagen des 18. Jahrhunderts. Der Turmstumpf erhielt 1946 ein Notdach, die Kirche 1950/51 ein Schieferdach. Eine Wiederherstellung des Sakralbaues ist vorgesehen.

Französische Kirche in der Kommandantenstrasse

Die Kapelle in der Kommandantenstraße war ursprünglich die Kirche der aus der französischen Schweiz nach Berlin eingewanderten protestantischen Flüchtlinge und zugleich das erste französische Gotteshaus der Stadt. Die Glaubensflüchtlinge hatten 1699 in der Köpenicker Vorstadt vor dem alten Leipziger Tor ein Grundstück an der damaligen Scheunengasse sowie eine alte Scheune zur Einrichtung einer Kirche überlassen bekommen. Dieses Bethaus wurde am 17. Juli 1700 eingeweiht. 1719 wurde die äußerst bescheidene Kapelle von Friedrich Wilhelm I. zu einer Parochialkirche mit dem Namen »Französische Kirche in der Köpenicker Vorstadt« erhoben. Der vom König gleichzeitig angeordnete Umbau zu einem würdigen Gotteshaus konnte von der Gemeinde aus finanziellen Gründen jedoch erst 1727/28 ausgeführt werden, wobei über den Baumeister nichts mehr bekannt ist. Die Front dieser rechteckigen, zwischen die Häuser der nunmehrigen Kommandantenstraße eingebauten Kirche wurde von einem kleinen Schmuckgiebel geziert. Das schlichte Äußere hatte sich bis zur völligen Zerstörung der Kirche im zweiten Weltkrieg fast unverändert erhalten.

Das völlig schmucklose Innere war an drei Seiten von Emporen auf Holzstützen umzogen, und eine obere Stützenstellung trug die flache Decke. An der vierten segmentförmig abgeschlossenen Seite befanden sich Kanzel und Altar, auf der gegenüberliegenden Empore oberhalb des Eingangs die 1795 gestiftete kleine Orgel.

Ein Prediger- und Küsterhaus wurde 1768 neben der Kirche erbaut. Erneuerungen des Kircheninneren fanden 1748, 1820, 1880 und zuletzt 1910 statt. Vermutlich wegen der unmittelbaren Nachbarschaft französischer Obstgärtner, die den Berlinern bis dahin unbekannte Melonen anbauten, wurde das Haus im Volksmund »Melonenkirche« genannt. Da die Köpenicker Vorstadt 1802 den Namen Luisenstadt erhielt, hieß das Gotteshaus, in dem bis 1819 ausschließlich französisch gepredigt wurde, nun offiziell »Französisch-reformierte Luisenstadt-Kirche«.

Friedrichswerdersche Kirche

Der 1662 gegründete Friedrichswerder besaß jahrzehntelang keine eigene Kirche, sondern die Gottesdienste fanden zunächst im 1672 von Giovanni Simonetti errichteten Werderschen Rathaus statt. Erst 1699 stellte Kurfürst Friedrich III. der Gemeinde das ehemalige kurfürstliche Reithaus am Werderschen Markt zur Verfügung. Dieser rund 17 Meter breite und 80 Meter lange Marstall von 1648 wurde bis 1701 von Martin Grünberg als Doppelkirche umgebaut. Sie war in der Mitte geteilt, denn sie diente sowohl den deutschen als auch den französischen Reformierten zum Gottesdienst. Das Innere hatte eine flache Holzdecke und Emporen. Kanzel und Altar standen jeweils vor der gemeinsamen Trennungswand. Die Orgel war ein Werk von Joachim Wagner. Ein kleiner Turm kam erst 1705/06 auf die Mitte des Daches, das 1718 erhöht wurde. Erst 1801 erhielt der Turm eine zur Aufnahme von Glocken und Uhr geeignete Bekrönung.

Vorschläge für einen Neubau wurden 1820 u. a. von dem Archäologen Aloys Hirt vorgelegt. Karl Friedrich Schinkel schuf 1821 einen Gegenentwurf, bei dem die Kirche die Form eines römischen

Tempels hatte. Weitere Pläne Schinkels entstanden 1822 und 1823/24. Dem Wunsch des Kronprinzen nach einer »Kirche im Mittelalterstil« entsprechend, fiel im März 1824 die Entscheidung zugunsten einer zweitürmigen gotischen Variante.

Nach Abbruch der baufällig gewordenen Doppelkirche – am 25. Juli 1824 fand in ihr der letzte Gottesdienst statt – wurde bis 1830 der erste neugotische Backsteinkirchenbau Berlins errichtet. Schinkels Absicht war es, »dem Gebäude den Charakter englischer Chapels zu geben, worin einige große Verhältnisse wirken und das Ganze sich eng zusammenschließt«. Während das Äußere – der einschiffige Saalbau mit flachem Dach, die waagerechten Turmabschlüsse und das große Fenster an

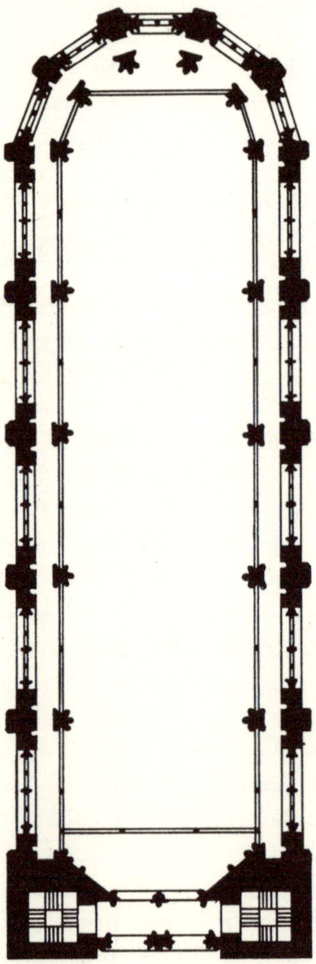

der Eingangsfront – Anklänge etwa an die Londoner Westminsterabtei erkennen lassen, haben die Gewölbe des Innenraumes die Kirche der Marienburg zum Vorbild. Die Strebepfeiler wurden nach innen gezogen und schlossen zwischen sich einen Umgang mit schmalen Emporen auf spitzbogigen Arkadenbögen ein. Das einschiffige, fünfjochige, mit Kreuzgewölben auf 16 Pfeilern überdeckte Langhaus erhielt im Osten eine zu fünf Zehnteln geschlossene Altarnische. Das Hauptportal befindet sich an der Südseite zwischen zwei 43 Meter hohen, viereckigen, helmlosen Türmen, auf denen sich bis 1845 je vier kleine gotische Ziertürmchen befanden. Die Strebepfeiler endeten ursprünglich über einem durchbrochenen Fries in 16 Fialen, die später von Friedrich August Stüler verändert wurden. Die Teilung des Gebäudes war nun aufgegeben worden, und die französische Gemeinde verzichtete endgültig 1872 auf ihre Rechte, nachdem sie schon seit 1841 die Kirche nicht mehr genutzt hatte.

Für die qualitätvolle neugotische Ausstattung hatte ebenfalls Schinkel die Entwürfe geliefert. Das Hauptbild des Altaraufbaues mit der Auferstehung Christi war ein Werk von Karl Begas aus dem Jahre 1827. Wilhelm von Schadow malte die vier Nebenbilder der Evangelisten. An der Brüstung der Orgelempore befand sich das 1830 geschaffene Gemälde »Glaube, Liebe, Hoffnung« von Wilhelm Wach. Den Taufstein entwarf Christian Daniel Rauch. Die drei 1914–16 erneuerten Glasfenster im Chor zeigten harfende Engel nach Schinkels Zeichnungen, die anderen Fenster nur Ornamente in den Rosetten. Die gußeisernen bronzierten Türen erhielten zehn runde Medaillons mit Engelsfiguren von Christian Friedrich Tieck. Das über 3 Meter hohe Standbild des Erzengels Michael oberhalb des zweigeteilten Hauptportals wurde nach einem Modell Ludwig Wichmanns von Tobias Feilner, der auch die Form- und Verblendziegel für den Kirchenbau hergestellt hatte, in Ton gebrannt, aber 1914 durch eine Neuabformung in Kupfer ersetzt. Die Grabtafeln der alten Kirche wurden in die äußere Nordwand des Gebäudes eingelassen.

Im zweiten Weltkrieg mehrfach beschädigt, wobei große Teile der Ausstattung verlorengingen, wurde nach 1945 zunächst die Ruine mit einem Notdach gesichert. Die Wiederherstellung wurde 1981 eingeleitet. 1983/84 wurden die 16 Fialtürmchen in der ursprünglichen, von Schinkel geplanten Form erneuert.

Französische und Deutsche Friedrichstadtkirche auf dem Gendarmenmarkt

Auf dem damaligen Friedrichstädtischen oder Mittelmarkt, seit 1773 Gendarmenmarkt und ab 1950 Platz der Akademie, wurde 1701 zunächst von Louis Cayard und nach seinem Tode von Abraham Quesnay bis 1705 eine französische Kirche errichtet. Während auf dem südlichen Teil des Platzes ebenfalls ab 1701 die Deutsche oder Neue Kirche als Zentralbau entstand, war das Gotteshaus für die vertriebenen französischen Protestanten eine nach der Querachse entwickelte Saalkirche mit halbrunden Nischen an den Schmalseiten. Kanzel und Altartisch befanden sich an der langen Ostwand. Auf der gegenüberliegenden Seite des Innenraumes mit Emporen auf Holzstützen fand die 1753 gebaute Orgel ihren Platz. Cayard und Quesnay, beide Angehörige der französischen Gemeinde der Friedrichstadt, schufen den Bau nach dem Vorbild der 1624 erbauten und 1688 zerstörten Hugenotten-Hauptkirche in Charenton.

Die Deutsche und die Französische Kirche waren von 1739–73 von den Pferdeställen des Regiments Gens d'Armes, das dem Platz seinen Namen gab, hufeisenförmig eingeschlossen. Bei der Neugestaltung des Platzes erhielten auch die beiden Sakralbauten auf Veranlassung Friedrichs II. 1780–85 an ihren Ostseiten prächtige Turmanlagen durch Karl von Gontard und Georg Christian Unger. Die nur äußerlich mit den Kirchen verbundenen, 70,60 Meter hohen Kuppeltürme hatten ihr Vorbild in den beiden Marienkirchen auf der Piazza del Popolo in Rom. Als Berliner Hauptwerke Gontards sind sie, »obgleich sie sich an Palladios und anderer jüngerer Meister Werke anlehnen, doch selbständige Leistungen monumentaler Baukunst, insbesondere auch in ihrer dekorativen Wirkung auf dem Platze, für den sie bestimmt waren, sowie für das Stadtbild, längst anerkannt. Die beiden übereinstimmenden Türme bestehen aus einem quadratischen Unterbau mit drei giebelbekrönten, sechssäuligen Flügelanbauten. Darüber baut sich eine schlanke, mit korinthischen Säulen umstellte Trommel und ein hohes, durch flache Pfeilervorlagen geteiltes Attikageschoß mit elliptischen Fenstern auf. Eine steil aufsteigende Kuppel mit einer Figur aus getriebenem Kupfer bekrönt die Türme.« (Berlin und seine Bauten, 1896).

Der Skulpturenschmuck zum Turmbau der Französischen Kirche wurde größtenteils nach Entwürfen von Daniel Chodowiecki von Constantin Sartori ausgeführt. Die Giebelreliefs zeigen Szenen aus dem Leben Christi, über der Kuppel sah man eine Figur der triumphierenden Religion.

1861 erfolgte ein Umbau der Französisch-reformierten Kirche durch den Zimmermeister Barraud; 1883 wurden der Außenbau renoviert und das Innere teilweise erneuert. 1896 kam vor die nördliche Empore ein neuer Altar. Der Umbau des Kirchenschiffes durch Otto March im Jahre 1905 ergab eine grundlegende neubarocke Umgestaltung, wobei lediglich der Orgelprospekt mit vergoldetem Rokokoschnitzwerk von 1753 übernommen wurde. Der Turm wurde 1929/30 ausgebaut, und 1935 zog hier das Hugenotten Museum ein. Der im Mai 1944 schwer beschädigte und teilweise ausgebrannte Baukomplex wird seit 1978 restauriert. Am 10. April 1983 wurde die Französische Friedrichstadtkirche als Heimstätte der Französisch-reformierten und der Friedrichswerderschen Gemeinde wieder eingeweiht. Der Innenraum wurde in Anlehnung an die Pläne von Otto March neu gestaltet.

Die schnelle Ausdehnung der Friedrichstadt machte Ende des 17. Jahrhunderts den Neubau einer Kirche notwendig, da die Jerusalemer Kirche für die angewachsene deutsche Gemeinde nicht mehr ausreichte. Diese Neue oder Friedrichstädtische Kirche wurde nach einem Entwurf von Martin Grünberg

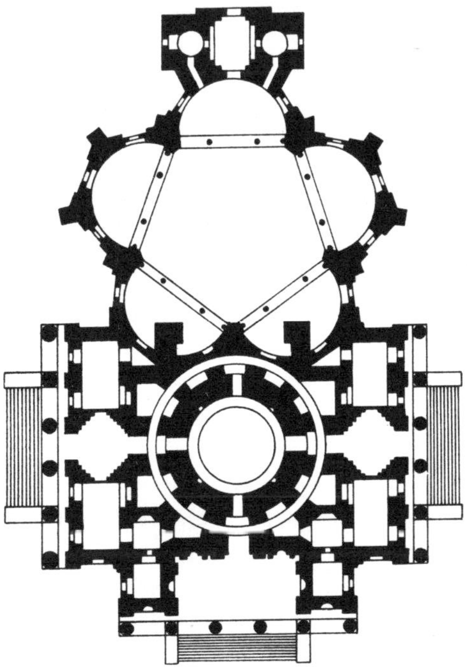

durch Giovanni Simonetti 1701–08 als fünfeckiger Zentralbau mit Halbkreisapsiden an allen Seiten errichtet. Einziger Schmuck des außen und innen recht nüchternen Gotteshauses, das sich im Grundriß an der Parochialkirche orientierte, war der Kanzelaltar am östlichen Mittelpfeiler gegenüber dem Haupteingang. Die doppelte Emporenanlage im Innern behinderte den Lichteinfall, weshalb 1834 die oberste Emporenreihe entfernt wurde. Im Gruftgewölbe unter der Kirche ruhten u. a. Georg Wenzeslaus von Knobelsdorff und der Hofmaler Antoine Pesne; 1881 wurden ihre Gebeine auf den Luisenstädtischen Friedhof an der Bergmannstraße übergeführt.

Der vor die Westfront gesetzte Turm kam über die Höhe des Hauptgesimses nicht hinaus. Der Stumpf wurde 1780 abgebrochen, als der Grundstein zu den beiden großartigen Kuppeltürmen gelegt wurde. Die Fundamente hielten jedoch nicht stand, so daß die Turmanlage der Deutschen Kirche 1781 nach der Südseite hin einstürzte. Darauf wurde Georg Christian Unger die Bauleitung übertragen, der das Projekt bis 1785 zu Ende brachte. Der reiche plastische Schmuck wurde nach Zeichnungen von Christian Bernhard Rode von Föhr ausgeführt, darunter die Reliefs der Giebelfelder mit Darstellungen aus dem Leben des Apostels Paulus. Über der Kuppel befand sich eine Figur der siegenden Tugend mit Palmenzweig. Ein Umbau des Inneren fand 1834 unter der Leitung von Stadtbaurat Langerhans statt. Nach der Revolution von 1848 waren auf der großen Freitreppe der Kirche die Särge von 183 Märzgefallenen aufgebahrt. 1881/82 wurde die inzwischen baufällig gewordene Kirche durch einen Neubau von Hermann von der Hude und Julius Hennicke ersetzt. Übernommen wurde lediglich der alte Grundriß, während sich der neubarocke Zentralbau stilistisch an den Turm anschloß. Die Kuppel wurde von einer mit Vasen geschmückten Balustrade gekrönt, die das Oberlichtfenster umgab. Die sechs allegorischen Figuren auf der Attika, das Relief über dem Hauptportal und der innere Reliefschmuck waren Werke von Otto Lessing. Im Inneren erhielten die Nischen und der Mittelraum nun Gewölbe statt der früheren flachen Decke. Im Turm hatte seit den zwanziger Jahren der Verein für die Geschichte Berlins seinen Sitz. Bei Luftangriffen im November 1943 und im Januar 1945 brannten Kirche und Kuppelturm aus, lediglich die Umfassungsmauern blieben erhalten. Die Ruine wurde nach dem zweiten Weltkrieg gesichert und wird seit 1982 wiederhergestellt.

Garnison-kirche

Nach Entwürfen von Martin Grünberg wurde 1701–03 die Garnisonkirche am Spandauer Tor an der Wallstraße – seit 1746 Neue Friedrichstraße und heute Littenstraße – auf Befehl König Friedrichs I. für die Militärgemeinde erbaut, die seit 1655 ihre Gottesdienste in der Heiliggeistkapelle abgehalten hatte. Diese erste eigene Garnisonkirche hatte den Grundriß eines griechischen Kreuzes von etwa 30 Meter Länge und war der ebenfalls von Grünberg errichteten Luisenstädtischen Kirche sehr ähnlich. Über der Dachmitte befand sich ein kleiner Laternenturm. Das durch hohe Rundbogenfenster erhellte Innere mit einer Doppelemporenanlage erhielt seinen Schmuck vor allem durch eine Barockorgel von Michael Martin Röder, mehrere Epitaphe sowie die Fahnen preußischer Regimenter.

Bei der Explosion des gegenüberliegenden Pulverturmes im Jahre 1720 wurde das Gebäude bis auf die Umfassungsmauern zerstört. Auf Befehl Friedrich Wilhelms I. führte Philipp Gerlach 1721/22 einen geräumigeren Neubau auf. Das rechteckige Gebäude mit hohem Mansarddach, ohne Turm und ohne Vorhallen war rund 58 Meter lang, 31,40 Meter breit und hatte eine lichte Höhe von fast 17 Metern. Über jeder der acht Eingangstüren erblickte man Medaillons mit zur Sonne fliegenden schwarzen Adlern und den Worten »Non soli cedit« sowie über dem mittleren Eingang die Inschrift »Garnisonkirche 1722«. Die mittleren drei der insgesamt elf Gebäudeachsen waren risalitartig unter einem Dreiecksgiebel mit Krone und Namenszug Friedrich Wilhelms I. vorgezogen. Das durch Pfeiler in drei Schiffe geteilte Innere des Saalbaues war ringsum von Emporen umgeben. Gegenüber vom Kanzelaltar – die holzgeschnitzte Kanzel zeigte an der Vorderseite David, der den Goliath erschlägt – an der nördlichen Langseite befand sich die Hofloge. Fünf allegorische Gemälde hatte Christian Bernhard Rode zum Andenken an preußische Generäle des Siebenjährigen Krieges gemalt, von denen viele in den Gruftgewölben unter der Kirche beigesetzt waren.

Bei einer durchgreifenden Umgestaltung im klassizistischen Sinne durch Friedrich Rabe 1816/17 wurden die ursprünglichen Holzstützen der Emporen durch massive dorische Säulen ersetzt. Auch die Barockkanzel mußte einer neuen weichen. Von 1818 stammte das Altarbild »Christus am Ölberg«, ein frühes Werk von Karl Begas. 1835 entstand Wilhelm Hensels Gemälde »Christus vor Pilatus« für die Ostempore. Der Marmoraltar mit Tabernakel entstammte der Mitte des 19. Jahrhunderts. Bei einem weiteren Umbau 1863 unter Leitung Friedrich August Stülers und August Ferdinand Fleischingers erhielten die Fassaden eine stärkere Putzgliederung. Das Innere, das nun rund 3000 Personen Platz bot, wurde farbig ausgemalt und die Kanzel umgestaltet. Bei der Erneuerung der Wagnerschen Orgel 1891 durch die Firma Wilhelm Sauer in Frankfurt/Oder wurde das Barockgehäuse dem alten nachgebildet. 1900 erhielt die Garnisonkirche einen kleinen neubarock gestalteten Glockenturm.

Bei einem Brand im Jahre 1908 wurden die noch erhaltenen Teile der Barockausstattung vernichtet, darunter auch die Orgel sowie zahlreiche historisch bedeutsame Fahnen und Standarten, während die Gemälde von Rode – bis auf das Altarbild – und die Sarkophage in der Gruft unbeschädigt blieben. Bis 1909 wurde die Garnisonkirche im wesentlichen in ihrer vorherigen Gestalt wiederaufgebaut. Im nun holzgetäfelten Innenraum wurden die Emporen entfernt, und das Schiff erhielt ein Tonnengewölbe, das auf Sandsteinsäulen ruhte. Die Firma Sauer baute eine neue große Orgel, und für den Altar malte

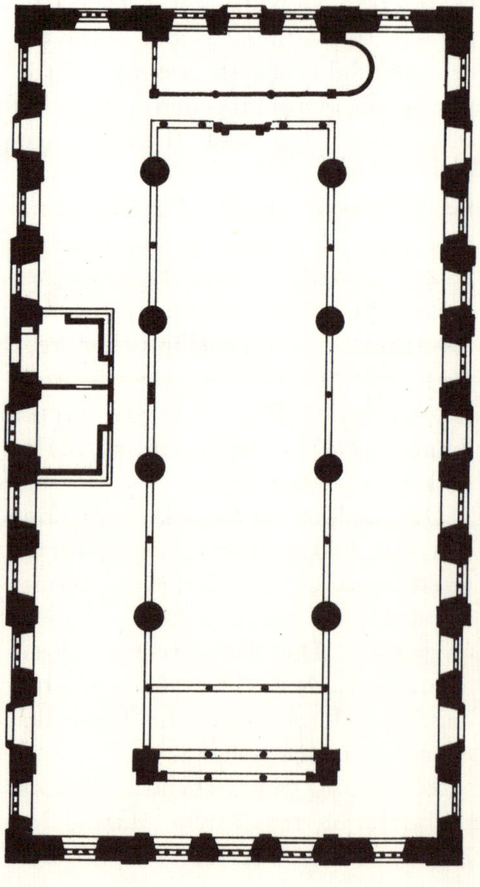

Anton von Werner ein Gemälde. Die farbigen Glasfenster kamen aus den damals international führenden Vereinigten Werkstätten für Mosaik und Glasmalerei August Wagner, Berlin, die für zahlreiche Kirchen und öffentliche Gebäude im In- und Ausland tätig waren.

Im November 1943 brannte die Kirche bis auf die Umfassungsmauern aus, die Ruine wurde 1960/61 abgebrochen. Die Gebeine von etwa 190 in der Gruft ruhenden Toten wurden im Jahre 1949 auf dem Südwestkirchhof in Stahnsdorf und auf dem Garnisonfriedhof in der Müllerstraße beigesetzt.

Waisenhaus-kirche

Die Waisenhauskirche bildete einen Teil des Großen Friedrichs-Waisenhauses und -Hospitals in der Stralauer Straße 57/58 an der Stralauer und späteren Waisenbrücke.

Das Hospital war 1697 von Kurfürst Friedrich III. gestiftet und ab 1702 vor allem nach Plänen von Martin Grünberg unter Leitung Abraham Quesnays erbaut worden. Grünberg konnte allerdings nur die Nordfront zur Stralauer Straße errichten. Die Ostfront zur Neuen Friedrichstraße (heute Littenstraße) mit der Kirche und dem 59 Meter hohen Turm vollendete Philipp Gerlach 1707–27.

In der dreigeschossigen, um einen Hof gruppierten vierflügligen Anlage waren verschiedene soziale Einrichtungen zur Verpflegung von Armen, Aufnahme von Waisen und Unterrichtung von Kindern mittelloser Eltern untergebracht.

Links vom großen Turm lag die Kirche, die nach außen nur durch ihre hohen Fenster in Erscheinung trat. Der rechteckige, 22 mal 12 Meter große Saal mit hölzernen Emporen auf drei Seiten und einer Orgel von Johann Joachim Wagner war etwa 1716 von Gerlach fertiggestellt worden. Das hölzerne Säulengeschoß des Turmes mußte allerdings schon 1782 abgetragen werden. Der Rest geriet 1809 durch Funkenflug von der Petrikirche in Brand und wurde zusammen mit den drei in ihm hängenden Glocken zerstört. Nur ein steinerner Turmstumpf blieb übrig, der das Bild des Gebäudes bis zum Abriß beherrschte. Seit 1888 waren die Räumlichkeiten vermietet und dienten zuletzt als Friseurschule. 1905 wurde mit dem gesamten Waisenhaus auch die Kirche abgebrochen, um dem noch heute stehenden Verwaltungsbau der Berliner Städtischen Gaswerke Platz zu machen, den Stadtbaurat Ludwig Hoffmann entworfen hatte. Zwei barocke Epitaphe für Lehrer des Waisenhauses und eine Glocke aus dem 18. Jahrhundert kamen ins Märkische Museum, das ebenfalls Ludwig Hoffmann von 1899 bis 1908 direkt gegenüber der einstigen Sozialeinrichtung erbaut hatte.

Sophien-kirche

In der Spandauer Vorstadt an der Großen Hamburger Straße wurde 1712/13 die Sophienkirche für die von St. Georgen abgetrennte Gemeinde als Stiftung der Königin Sophie Dorothea errichtet. Die Ausdehnung dieser Vorstadt zwischen Rosenthaler und Oranienburger Tor hatte auch hier zu Anfang des 18. Jahrhunderts den Bau eines neuen Gotteshauses notwendig gemacht.

Zunächst besaß die schlichte rechteckige Saalkirche von 38,91 Meter Länge und 21,34 Meter Breite, mit sechs hohen Fenstern und Giebeln an den Schmalseiten, keinen Turm. Der ursprüngliche Innenraum wirkte durch die flache Holzdecke relativ niedrig. Der Kanzelaltar stand an der südlichen Langseite gegenüber der Orgel.

Ihren eigentlichen architektonischen Schmuck erhielt die Sophienkirche durch den 1731–34 von Johann Friedrich Grael erbauten stattlichen, im Grundriß quadratischen Turm mit zweifachem Säulengeschoß und geschweifter Haube. Der rund 69 Meter hohe Barockturm – der schönste in Berlin – ist allerdings ohne die Pläne Andreas Schlüters für den Münzturm und die Potsdamer Garnisonkirche von Philipp Gerlach nicht denkbar.

Die Gewölbe unter der Kirche wurden 1771 zur Aufnahme von Grabstätten ausgebaut. 1824 wurde die steinerne Galerie, die die drei unteren Turmgeschosse aus Sandsteingliedern mit der Plattform abschloß, durch ein schmiedeeisernes Gitter ersetzt. Bei einem Umbau der Kirche 1833/34 durch Baumeister Moser wurden an der Südseite zwei Sakristeien angefügt. Größere Veränderungen des Äußeren und Inneren brachten die Baumaßnahmen unter den Architekten Adolf Heyden und Kurt Berndt sowie Friedrich Schultze und Paul Kieschke im Jahre 1892. Dabei wurde das Kirchenschiff durch den Einbau einer gewölbten Chornische mit beidseitigen Emporentreppen verkürzt und der alte hölzerne Dachstuhl durch einen eisernen mit höhergelegter Decke ersetzt. Neue Emporen auf vierkantigen Pfeilern wurden auf drei Seiten herumgeführt und erhielten weitere Treppen neben der westlichen Turmhalle. Auch der Fußboden und die Fenster wurden bei der Umgestaltung erhöht. Links vom Triumphbogen erhielt die Eichenholzkanzel ihren Platz. Das Altarbild von Christian Bernhard Rode stellt den betenden David dar.

Die ursprünglich sehr einfache Ostfassade bekam einen neubarocken Giebel, und die höhere Decke machte eine Attika nötig. Neu waren auch die beiden Rundfenster und statt eines Mittelportals zwei Eingänge unter den seitlichen Fenstern. Relativ unverändert erhalten blieb der anschließende Alte

Sophien-Kirchhof mit einigen bemerkenswerten Grabmälern des Rokokos und Klassizismus. Eine vollständige Restaurierung des Turmes und der Wagner-Orgel von 1790 erfolgte 1976/77.

Französische Kirche in der Klosterstrasse

Die erste Kirche für französische Emigranten im eigentlichen Berlin befand sich im Gartenteil des Grundstükkes Klosterstraße Nr. 43, während das Vorderhaus über 170 Jahre lang Mietshaus war. Das französische Konsistorium hatte 1720 dieses Grundstück und zwei angrenzende kleine Häuser gekauft. Im folgenden Jahr konnte die Gemeinde den Grundstein zu einer Kapelle legen, für deren Bau König Friedrich Wilhelm I. die Materialien bewilligt hatte. Erst am 11. August 1726 fand die Einweihung der kleinen Kirche statt, und 1734 kam das Orgelwerk von Joachim Wagner hinzu.

Der Außenbau bildete ein unregelmäßiges Achteck von rund 32 Meter Länge und 24 Meter Breite. Dagegen war der Innenraum oval und besaß eine flachgewölbte Decke mit Stichkappen für die Oberfenster. Die ringsumlaufende Empore auf Holzsäulen wurde nur an der Westseite durch Kanzel, Altar und Orgel unterbrochen, die übereinander angeordnet waren. Der Gesamteindruck der Kirche war innen und außen einfach und prunklos wie der Gottesdienst, für den sie bestimmt war. Wände und Emporen waren lediglich weiß gestrichen, und es gab keinerlei Bilder oder Bildwerke.

Bis 1765 stand die Kirche frei, dann wurde die vorliegende Häuserzeile zur Klosterstraße geschlossen. Das Vorderhaus mit dem Zugang zur Kirche wurde 1882 abgebrochen und durch ein neues höheres Mietshaus ersetzt. Die drei freistehenden Seiten der Kapelle auf dem Hof mit Rundbogenfenstern oberhalb und Stichbogenfenstern unterhalb der Emporen blieben unverändert, während der Innenraum erneuert wurde. Am 29. Oktober 1885, dem 200. Gedenktag des Edikts von Potsdam, wurden an der Stirnseite der Kirche zwei Bronzetafeln enthüllt. Die von dem Bildhauer Johannes Boese modellierten Reliefs zeigten den Empfang der Hugenotten durch den Kurfürsten Friedrich Wilhelm und die Einweihung der sogenannten französischen Klosterkirche durch König Friedrich Wilhelm I. Die Reliefs befinden sich heute im Hugenotten Museum.

Schon seit 1923 diente das Gotteshaus nicht mehr seiner ursprünglichen Bestimmung und wurde von der französisch-reformierten Gemeinde verpachtet, u. a. an das private »Theater in der Klosterstraße« und das »Goethe-Theater«. In den Dreißiger Jahren wurde der Kirchenraum dann sogar als Kino genutzt. Nach Zerstörung des Gebäudes im zweiten Weltkrieg wurde die Ruine nach 1945 abgetragen.

Theodor Fontane, Nachkomme hugenottischer Einwanderer, wurde in der französischen Klosterstraßenkirche 1836 konfirmiert und 1850 getraut.

Bethlehemskirche

Die Bethlehemskirche war als religiöses Zentrum für die ab 1732 im südlichen Teil der Friedrichstadt angesiedelten zunächst 500 evangelischen Emigranten aus Böhmen bestimmt. König Friedrich Wilhelm I. schenkte der Gemeinde 1735 die Mittel zum Bau einer Kirche in der Mauerstraße zwischen Schützen- und Krausenstraße. Nach Plänen von Friedrich Wilhelm Diterichs errichteten bis 1737 Christian August Naumann und Johann Andreas Büring einen barocken Zentralbau.

Die Rundkirche hatte einen Kreisdurchmesser von 15,70 Metern. Von den vier kurzen Kreuzarmen waren drei rechteckig und der vierte, östliche, halbkreisförmig als Altarnische gestaltet. Das steile hölzerne Kuppeldach besaß acht gaubenartige Dachfenster und wurde von einer Laterne mit Turmknopf bekrönt. In den vier oberen Dachfenstern befand sich jeweils eine Uhr. Der Außenbau wurde durch hohe Rundbogenfenster und Putzpilaster gegliedert. Eine Vorhalle und die Chorapsis betonten die Hauptachse. Die Eingangsfront erhielt die Form einer dorischen Giebelfassade.

In dem schönen barocken Innenraum zogen sich Emporen herum, die nur durch die Altarnische unterbrochen wurden. In den drei anderen angedeuteten Kreuzarmen befanden sich Doppelemporen. Künstlerisch bedeutend war vor allem der barocke Kanzelaltar an der Chorwand. Ihm gegenüber befand sich auf der oberen Empore die Orgel. Aus der Klosterglocke von Calbe ließ Friedrich Wilhelm I. zwei neue Glocken für die Kirche gießen, in der noch bis 1829 böhmisch gepredigt wurde.

Um- und Anbauten von 1854 und 1883 beeinträchtigten den schlichten Gesamteindruck der Bethlehemskirche nicht wesentlich. Bei der Restaurierung von 1883 wurden neue farbige Glasfenster eingesetzt. Im Februar 1945 wurde das Gotteshaus von Bomben getroffen und brannte mit der gesamten Innenausstattung aus. Die Ruine wurde 1963 abgetragen.

DREIFALTIGKEITS-KIRCHE

Im Zusammenhang mit der Erweiterung der Friedrichstadt unter König Friedrich Wilhelm I. wurde 1737–39 nach Plänen von Titus de Favre durch Christian August Naumann die Dreifaltigkeitskirche mit ihren Pfarrhäusern erbaut. Der barocke Rundbau von 22 Meter Durchmesser und 57 Meter Höhe entstand – in Anlehnung an die nahe gelegene, allerdings wesentlich bescheidenere Bethlehemskirche – im Geviert zwischen Kanonier- (heute Glinka-) und Mauerstraße, Kronen- und Mohrenstraße. Das Gotteshaus hatte eine ziegelgedeckte Holzkuppel und war mit einer als Glockenturm dienenden Laterne bekrönt. Die Form des griechischen Kreuzes war durch vier Risalite angedeutet, denen im Innern flache Nischen entsprachen. Der mit einer flachen Holzkuppel überwölbte Raum war von ehemals dreigeschossigen, geräumigen Emporen umzogen. Der Kanzelaltar mit darüber angeordneter Orgel aus dem Jahre 1776 befand sich gegenüber dem Westeingang. Die durch die französische Besetzung von 1806/07 verursachten schweren Beschädigungen des Inneren wurden durch eine Instandsetzung 1811 beseitigt.

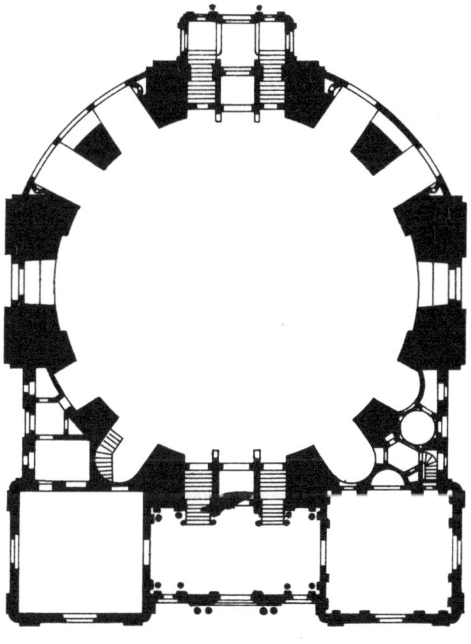

Die oberste Emporenreihe wurde bei einem Umbau durch Adolph Lohse im Jahre 1864 beseitigt. Unter der Leitung von F. Schulze und Vohl wurde 1885/86 das Äußere behutsam verändert durch den Anbau einer kleinen südlichen und einer größeren nördlichen Vorhalle mit Sakristei und Taufkapelle in neubarokken Formen. Die flache Kuppel wurde von Johann Mühlenbruch mit Darstellungen der vier Evangelisten ausgemalt.

Als bedeutendster Prediger wirkte an der Dreifaltigkeitskirche von 1809–34 der große Theologe Friedrich Daniel Schleiermacher, dessen Büste von Fritz Schaper seit 1904 vor dem Kirchenportal stand.

1943 brannte das Gebäude bei einem Bombenangriff aus und wurde bei den Kampfhandlungen in der Innenstadt Ende April/Anfang Mai 1945 weiter zerstört. 1947 wurden die Umfassungsmauern der Kirche gesprengt und danach abgetragen. Einige Ausstattungsstücke, darunter der Taufstein von 1839, sowie die Büste Schleiermachers blieben erhalten, ebenso zwei der ursprünglich drei schlichten barocken Pfarrhäuser an der heutigen Ecke Glinka-/Johannes-Dieckmann-Straße.

DOM-KIRCHE

Die Geschichte der Domkirche reicht bis zum Jahre 1465 zurück, als Kurfürst Friedrich II., genannt Eisenzahn, die Erasmuskapelle des unter ihm bis 1451 erbauten Schlosses zur Pfarrkirche erklärte und Papst Paul II. sie zum Domstift erhob. Kurfürst Joachim II. wollte, obwohl auch sein Schloßneubau zu Kölln an der Spree eine Kapelle erhielt, eine eigene Hof- und Domkirche. Deshalb verlegte er 1536 die mit dem Domstift vereinigte Schloßkapelle in die 1297 gegründete Dominikanerklosterkirche auf dem südlichen Schloßplatz. Diese gotische Domkirche als das in der äußeren Erscheinung stattlichste Gotteshaus der damaligen Doppelstadt wurde der Maria Magdalena, dem Erasmus und dem Heiligen Kreuz geweiht.

Verschiedene interessante Pläne für einen barocken Domneubau aus der Zeit König Friedrichs I., u. a. von Andreas Schlüter und Jean de Bodt, blieben unausgeführt.

1747 wurde die einstige Dominikanerklosterkirche, inzwischen baufällig geworden, abgerissen und noch im gleichen Jahre mit einem Neubau durch Johann Boumann d. Ä. am Lustgarten begonnen.

Auf die Entwürfe zu diesem zweiten, 1750 eingeweihten Dom nahmen sowohl Georg Wenzeslaus von Knobelsdorff als auch König Friedrich II. mit eigenhändigen Plänen Einfluß. Der langgestreckte, rechteckige, einschiffige Saalbau war rund 69 Meter lang und 20 Meter breit, hatte eine Flachdecke und umlaufende Emporen zwischen korinthischen Säulen. An der Lustgartenseite war eine dreiachsige säulengetragene, im Inneren kreisrunde Vorhalle vorgesetzt, über der sich eine hohe Tambourkuppel mit Laterne erhob. Die Attika war mit Sandsteinskulpturen geschmückt. Der Altar stand an der nördlichen Schmalwand, in der Mitte hatten die Kanzel sowie die königliche Loge ihren Platz. Auch die Sarkophage der Hohenzollern wurden in den neuen Dom übergeführt.

Unter Wahrung der barocken Bausubstanz erfolgte durch Karl Friedrich Schinkel 1817 innen und 1820–22 außen eine grundlegende Umgestaltung des Domes in klassizistischem Sinne. Die schlichte Decke wurde durch ein Tonnengewölbe mit Kassettierung ersetzt, das die Längsrichtung des Raumes

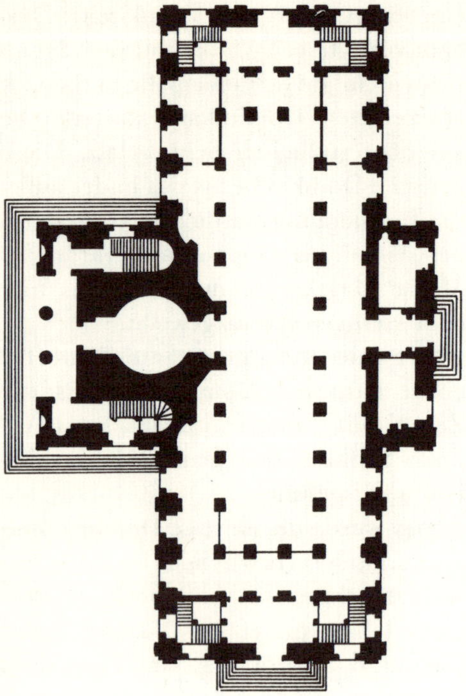

noch stärker betonte. Außerdem veränderte Schinkel die Säulen, die die Emporen trugen. Der westliche Vorbau erhielt eine ionische Säulenvorhalle mit Giebel und die veränderte Hauptkuppel zwei flankierende Kuppeltürmchen. Auch Fenster und Attika wurden klassizistisch umgebildet. Zu beiden Seiten des Portals befanden sich Engel, nach Friedrich Tiecks Modellen in Kupfer getrieben; sie symbolisierten den Glauben und die Religion. Im Inneren führten sechs weiße Marmorstufen zum reichgeschmückten Altar, der durch ein Bronzegitter an der südlichen Schmalseite abgeteilt stand. Das Altarbild von Karl Begas zeigte die Ausgießung des Heiligen Geistes (heute in der Tauf- und Traukapelle befindlich). Eine letzte größere Restaurierung dieses Domes fand 1855 statt.

Friedrich Wilhelm IV. wollte am Lustgarten einen neuen großartigen Dom als protestantische Hauptkirche errichten lassen. Am weitesten gediehen die Pläne Friedrich August Stülers für eine fünfschiffige, zweitürmige Basilika in altchristlichem Stil mit einer westlichen Vorhalle und einem Campo santo – einer Fürstengruft –, der sich an der Nordseite anschloß. Aber der Bau kam in den Jahren 1845–48 nicht über die Fundamente des Campo santo hinaus, die 1893 erst nach wiederholten Sprengungen beseitigt werden konnten. Erhalten haben sich lediglich die großformatigen unausgeführten Freskenentwürfe für die Hohenzollerngruft von Peter von Cornelius aus den Jahren 1844–46 (heute in der Nationalgalerie der Staatlichen Museen zu Berlin).

Auch Kaiser Wilhelm II. hatte den Wunsch, der ersten Kirche des preußischen Staates eine repräsentative Gestalt zu geben. Bereits 1888 hatte Julius Raschdorff im Auftrage Kaiser Friedrichs III. einen Dombauentwurf veröffentlicht. 1892 erhielt er den Auftrag zur Ausführung der mehrfach veränderten Pläne, wofür der Preußische Landtag eine Gesamtsumme von 10 Millionen Goldmark bewilligte. Im folgenden Jahre wurde der alte Dom beseitigt, und 1894 folgte die Grundsteinlegung für den Neubau.

Eine Dom-Interimskirche im Garten des Schlosses Monbijou hatte Julius Raschdorff bereits 1892 errichtet.

Am 27. Februar 1905 konnte der kolossale neue Dom im Stil des wilhelminischen Neubarocks eingeweiht werden. Bei diesem monumentalsten Zeugnis des Historismus in Berlin vermischen sich Formen der italienischen Hochrenaissance und des italienischen Barocks. Der aus schlesischem Sandstein und Granit ausgeführte Zentralbau hatte eine bebaute Fläche von 6270 Quadratmetern (der Kölner Dom »nur« 6166 Quadratmeter). Die Gesamthöhe bis zur Kreuzesspitze betrug 114 Meter. Von Anfang an stieß der Bau mit seinem überreichlichen Schmuck und seinen unruhigen Kuppelabschlüssen auf Kritik. Mit seiner gewaltigen Baumasse beherrschte er nicht nur den Lustgarten und seine Umgebung, sondern bestimmte mit seiner hohen Kuppel den Charakter des gesamten Berliner Stadtbildes.

Der 114 Meter lange und 73 Meter tiefe Dom bestand aus der mittleren Haupt- und Predigt- oder Festkirche, der nördlichen Gruft- und Denkmalskirche sowie der Tauf- und Traukapelle an der Südseite. An der äußeren und inneren Ausgestaltung des Gotteshauses wirkten die renommiertesten Künstler der wilhelminischen Ära mit. Die 74 Meter hohe achtseitige Hauptkuppel mit einem äußeren Durchmesser von 38 Metern ist von vier 80 Meter hohen Türmen mit kupfergedeckten Kuppeln umgeben. Der südliche Kuppelturm war für die drei Glocken bestimmt, deren älteste aus der Wilsnacker Wallfahrtskirche stammte. Über der Attika der reich gegliederten Trommel befinden sich acht jeweils 5,20 Meter hohe musizierende Engelsfiguren von Walter Schott. In der zweigeschossigen Vorhalle am Lustgarten liegt das zu einer hohen Rundbogennische ausgebildete, von Doppelsäulen eingefaßte Hauptportal mit einem Mosaikbild von Arthur von Kampf, das Christus zwischen den Mühseligen und Beladenen zeigt. Vor den Säulen stehen auf bronzenen Sockelreliefs die in Kupfer getriebenen Statuen der vier Evangelisten von Johannes Götz. Die bronzenen Engelsgestalten auf dem Kämpfergesims der Portalnische schuf Wilhelm Widemann, den in Kupfer getriebenen 5 Meter hohen Christus auf dem Dachgesims über dem Portal Fritz Schaper. Die zehn Apostel auf dem Hauptgesims sind Werke von Ludwig Manzel, Adolf Brütt, Max Baumbach, Ernst Herter, Alexander Calandrelli und Friedrich Johann Pfannschmidt. Die drei Haupttüren erhielten je zwei Bronzereliefs mit Szenen aus dem Leben Christi von Otto Lessing. Von den insgesamt zwölf Eingängen lagen neun an der Lustgartenseite.

Unter der großen Kuppel, durch die von oben das Licht einfällt, liegt die

Fest- und Predigtkirche, zu welcher der Haupteingang führt. Die Mosaikbilder der acht Seligpreisungen in der Wölbung entstanden nach Entwürfen Anton von Werners. Die Modelle für die Reliefdarstellungen aus der Apostelgeschichte in den vier Zwickeln stammen von Otto Lessing. Am Fuß der Kuppel befanden sich acht 4 Meter hohe Standbilder von Reformatoren und fürstlichen Förderern der Reformation: neben der Apsis Luther und Melanchthon (von Friedrich Johann Pfannschmidt); nach links Zwingli (von Gerhard Janensch), Philipp der Großmütige (von Walter Schott), Friedrich der Weise (von Karl Begas d. J.); nach rechts Calvin (von Alexander Calandrelli), Albrecht von Preußen (von Max Baumbach) und Joachim II. (von Harro Magnussen). Der 2100 Plätze bietende Kirchenraum hat die Gestalt eines ungleichseitigen Achtecks. In die Halbkreisnischen der kurzen Seiten wurden Kanzel und Emporen eingefügt, die auf Labradorsäulen ruhten. In den Wölbungen über den Emporen sah man Mosaikbilder der Evangelisten. An die

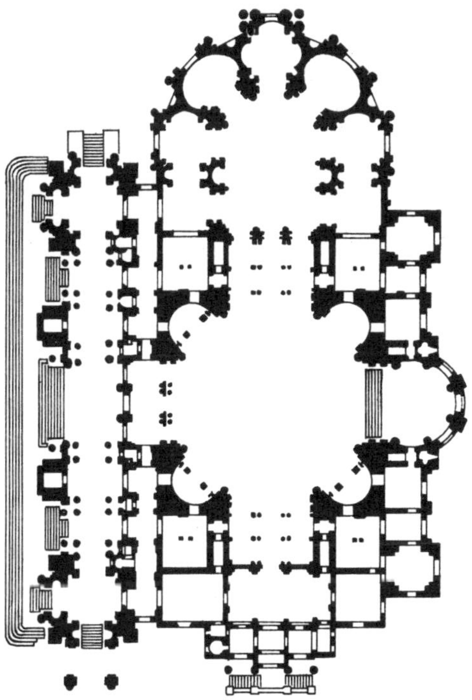

Langseiten schließen sich östlich die Apsis und drei Kreuzarme mit Emporen an: westlich die für den Hof und auf der nördlichen die mächtige Orgel aus der Werkstatt von Wilhelm Sauer, Frankfurt/Oder, mit 113 Registern. Die Apsis hat mit dunkelrotem Marmor verkleidete und reich vergoldete korinthische Pilaster. Die Glasmalereien ihrer drei großen Fenster zeigten nach Anton von Werners Entwürfen die Geburt, Kreuzigung und Auferstehung Christi. Der etwas veränderte Hauptaltar mit der Apostelgalerie, die Marmortaufe von Christian Daniel Rauch und die Schinkelschen Kandelaber stammten aus dem alten Dom und haben auch die Kriegszerstörungen im wesentlichen überstanden.

Südlich grenzt an die Predigtkirche die ursprüngliche Tauf- und Traukapelle der Domgemeinde, ein 18 Meter langer und 9 Meter breiter Saal mit Tonnengewölbe; er wurde bis 1980 in der ursprünglichen Gestalt restauriert. Hier sowie in dem sogenannten kaiserlichen Treppenhaus hingen eine Reihe biblischer Landschaften von Albert Hertel, die teilweise erhalten sind. Nördlich befand sich die – nach Kriegszerstörungen abgebrochene – Denkmalskirche, 35 Meter lang und ebenso breit. Den fünfeckigen Hauptraum umgab ein Kranz von fünf Kapellen. In diesem und einer Erweiterung der ersten Kapelle waren verschiedene Prunksarkophage aufgestellt. Aus der Denkmalskirche führte nördlich eine aufwendige Treppenanlage zu der sich unter dem gesamten Dom hinziehenden, 4,50 Meter hohen Hohenzollerngruft. Sie enthielt 96 Sarkophage aus drei Jahrhunderten und war nicht allgemein zugänglich. Der größte Teil hat die Bombenangriffe des zweiten Weltkrieges überstanden, darunter auch die künstlerisch bedeutendsten: das Bronzegrabmal für den Kurfürsten Johann Cicero von Peter Vischer d. Ä. und Hans Vischer aus dem Jahre 1530, die frühbarocken Zinnsarkophage für den Kurfürsten Friedrich Wilhelm und seine Gemahlin Dorothea von Johann Michael Döbel d. J. und Andreas Schlüters Prunksarkophage für Königin Sophie Charlotte (1705), König Friedrich I. (1713) und den Prinzen Friedrich Ludwig (1708). Aus dem 1893 abgerissenen Dom gelangten zwei Epitaphe aus dem 16. und 17. Jahrhundert ins Märkische Museum.

Die 3500 kg schwere gotische Glocke des Domes, die durch einen Sprung ihren Klang verloren hatte, kam 1929 ins Märkische Museum. 1471 war sie für die Wallfahrtskirche zu Wilsnack gegossen und von dort 1535 durch Kurfürst Joachim II. für die Dominikanerklosterkirche nach Berlin geholt worden.

1944/45 wurde der Dombau außen und innen mehrfach schwer beschädigt. Die Sicherung des Gebäudes begann mit dem Ausbau der Gruftkirche für Gottesdienstzwecke; nachdem die Kuppel 1951 eine Notabdeckung erhalten hatte, begann 1974 die komplizierte und aufwendige Instandsetzung des Gesamtgebäudes, wobei Fassaden und Kuppeltürme sowie die Hauptkuppel bis 1984 in einigen Details vereinfacht wiederhergestellt wurden; eine radikale Vereinfachung der Kuppelabschlüsse und der Fassade des Domes hatte bereits 1919 der Architekt German Bestelmeyer in einem bemerkenswerten Umbauentwurf vorgeschlagen, der seinerzeit allerdings nicht verwirklicht wurde. Die Restaurierung des Inneren der Hauptkirche mit ihrer ursprünglichen reichen Ausstattung ist 1982 begonnen worden.

Hedwigs-kirche

Der erste Neubau für eine katholische Kirche in Berlin nach der Reformation wurde am Opernplatz (heute August-Bebel-Platz) nach Angaben Friedrichs II. und Plänen Georg Wenzeslaus von Knobelsdorffs durch Johann Boumann d. Ä. im Jahre 1747 begonnen. An der Ausführung der Entwürfe in Anlehnung an das Pantheon in Rom wirkten auch Johann Gottfried Büring und Jean Legeay mit. Da der auf nahezu zehntausend Gläubige angewachsenen katholischen Gemeinde der Stadt 1746 alle Parochialrechte verliehen worden waren, hatte der König den Bau der Hedwigskirche gestattet, die der Schutzheiligen Schlesiens gewidmet war. Bis 1755 gedieh der Rohbau allerdings nur bis zu einer provisorischen Dachabdeckung. Während des Siebenjährigen Krieges und danach ruhten die Arbeiten bis 1771 und gelangten dann bis 1773 zu einem Abschluß, ohne daß die ursprünglichen Pläne voll verwirklicht werden konnten. So wurde die südliche Rundkapelle erst 1777/78 vollendet.

Bei dem kreisrunden Zentralbau wurde mit Rücksicht auf das »Forum Fridericianum« die giebelbekrönte fünfachsige Vorhalle mit sechs ionischen Dreiviertelsäulen an der Eingangsfront nach Norden gerichtet. Der Hauptraum unter kassettierter Kuppel besaß einen lichten Durchmesser von 34,50 Metern und eine Höhe von 27,61 Metern. Der durch einen mittleren Durchgang und die Sakristei verbundene Anbau der Beicht- und Taufkapelle war ebenfalls kreisrund.

Im Kirchenraum trugen zwölf korinthische Säulenpaare zwischen von Halbbogen überwölbten Nischen das Gebälk und die innere Kuppel, die eine Holzkonstruktion war. Unter der Kirche befand sich ein Gruftgewölbe für Erbbegräbnisse.

Der Turiner Maler Bernardino Galliari malte die Kirche nicht nur auf eigene Kosten aus, sondern stiftete auch die Kanzel. An den sechs Fenstern standen Terrakottafiguren der zwölf Apostel von Georg Franz Ebenhecht, die ursprünglich für den äußeren Rand der Laternenkuppel bestimmt waren. Ebenhecht entwarf auch die fünf Reliefs zwischen den Säulen der Eingangsfront, die von Theodor Wilhelm Achtermann erst 1837 ausgeführt wurden. Die Gruppe der heiligen Hedwig über dem Portikusgiebel von Wilhelm Christian Meyer entstand 1773. Die Marmorgruppe des Hochaltars »Noli me tangere« war ein 1750 geschaffenes Werk von Giovanni Marchiori, einem Hauptmeister der venezianischen Skulptur des Spätbarocks. Ein Seitenaltargemälde mit der Geburt Christi stammte von Antoine Pesne, ein anderes mit der heiligen Hedwig von Galliari. Ein Marmorrelief für die Gräfin Blumenthal von Pierre Antoine Tassaert wurde im Jahre 1789 in einer Kapellennische aufgestellt.

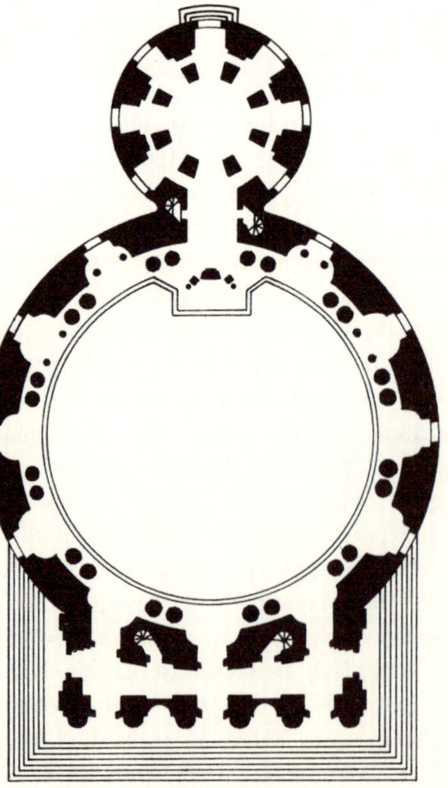

Bei dem Umbau von 1886/87 unter Max Hasak wurde das rote Ziegeldach der Kuppel durch eine Kupferabdeckung ersetzt. Im Sinne des ursprünglichen Entwurfs erhielt die Kirche eine Laterne und ein 3,50 Meter hohes vergoldetes Kreuz über der Kuppel. Gleichzeitig wurde das Innere renoviert, neue Seitenaltäre aus carrarischem Marmor aufgestellt und die Fenster 1890 mit neuen Glasgemälden versehen. Die unvollendet gebliebene »Anbetung der Heiligen Drei Könige« im Giebelfeld der Vorhalle führte 1898 Nikolaus Geiger zu Ende.

Anläßlich der Erhebung zur Kathedrale des Bistums Berlin im Jahre 1929 erhielt der Wiener Architekt Clemens Holzmeister den Auftrag für eine völlige Neugestaltung des Innenraumes 1930–32. Die Kirche und die Taufkapelle, die bisher durch die Sakristei getrennt waren, wurden jetzt zueinander geöffnet. Neuer raumbestimmender Schmuck wurde über dem geöffneten Durchgang zur Sakramentskapelle ein von einem Strahlenkreuz umschlossenes, aus Bronze gegossenes Lamm – ein Werk des Bildhauers Ludwig Gies.

Im März 1943 brannte die Kirche mit der gesamten Ausstattung bis auf die Umfassungsmauern aus. Nach Plänen von Hans Schwippert erfolgte 1952–63 der Wiederaufbau, wobei die Kathedrale eine abgeänderte Stahlbetonkuppel mit schlichtem Kreuz statt der Laterne erhielt. Das in modernen Formen schlicht gestaltete Innere erhielt einen grauen Marmorfußboden. Die aus 84 sich nach oben verjüngenden Betonsegmenten gebildete Kuppel wird von vereinfachten Säulenpaaren getragen. Einbezogen in den Innenraum wurde die weit geöffnete, durch Freitreppen zugängliche Krypta als Unterkirche. Sie ist umgeben von acht Kapellen; in einer von ihnen wurde 1965 der Dompropst Bernhard Lichtenberg (gest. 1943 auf dem Transport ins KZ Dachau) nach der Überführung vom Hedwigsfriedhof in der Liesenstraße beigesetzt. Nach der Beschädigung im zweiten Weltkrieg wurde die ursprünglich für den Hochaltar bestimmte Marmorgruppe »Noli me tangere« mit Christus und Maria Magdalena in zeittypischem barockem Kostüm auf den Friedhof der katholischen Hedwigsgemeinde in Hohenschönhausen versetzt.

Elisabeth-Kirche

»Die Kirche vor dem Rosenthaler Thore... ist mit doppelt über einander stehenden Emporen construirt, die... sowohl von unten als auch von oben gesehen, eine amphitheatralische Form erhalten haben, und dadurch alles Licht der Seitenfenster frei in das Mittelschiff einfallen und daselbe vollkommen hell beleuchten lassen. Einige figürliche Wandmalereien in der Altarnische und die Glasmalereien der drei daselbst angebrachten Fenster bilden den Schmuck dieser Kirche.« (Karl Friedrich Schinkel, Sammlung architektonischer Entwürfe, 1834).

Im Zusammenhang mit vier 1828 projektierten Pfarrkirchen für die nördlichen Vorstädte Berlins erbaute Karl Friedrich Schinkel 1830–34 die turmlose Elisabethkirche an der Ecke Invaliden- und Elisabethkirchstraße. Der sprunghafte Anstieg der Einwohnerzahlen zu Anfang des 19. Jahrhunderts machte es erforderlich, von der Sophien-Parochie 1835 die Außenbezirke abzuzweigen, darunter auch die selbständige St.-Elisabeth-Kirchengemeinde. 1832 mußten die Entwürfe Schinkels vereinfacht werden, um Geld für die drei anderen Kirchen zu erübrigen. Der einschiffige rechteckige Putzbau mit Chorapsis und Sakristeianbauten ist durch feine klassizistische Fassadenprofile gegliedert. Vor dem zweigeschossigen Saalbau steht eine pfeilergetragene Vorhalle, die das Giebelmotiv des Hauptgebäudes wiederholt.

Im 30,44 Meter langen und 15,69 Meter breiten Innenraum befanden sich an beiden Langseiten durchlaufende doppelgeschossige Holzemporen. Die klassizistische Ausgestaltung und die Ausmalung vor allem der Apsis mit einem Reigen schwebender Engel erfolgte nach Angaben Schinkels durch Albert Scheel und Bernhard Wilhelm Rosendahl. Die Kanzel, ebenso schlicht wie die Altarmensa, befand sich seitlich rechts vor dem Apsisbogen. Der Taufständer und die von August Kiß modellierte Altargarnitur wurden in der Berliner Königlichen Eisengießerei gefertigt, die Orgel war ein Werk von Carl August Buchholz. Bei einer Restaurierung im Jahre 1893 erhielten die Fenster farbige Verglasungen, und die Ausmalung des Innenraumes wurde nach Schinkels Entwürfen erneuert.

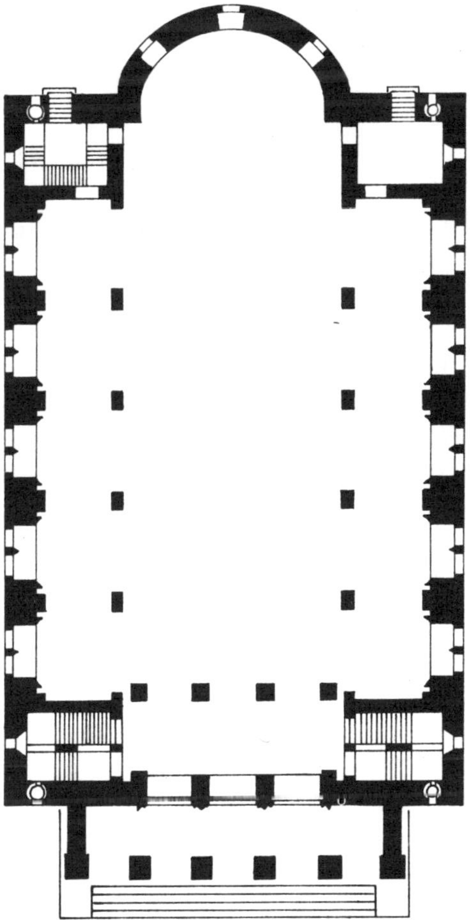

Nach einem Bombenangriff im März 1945 brannte die Kirche bis auf die Umfassungsmauern aus; einige Ausstattungsstücke konnten gerettet werden. Über einen Wiederaufbau der Ruine ist noch nicht entschieden.

Markus-Kirche

Die nahe dem heutigen Strausberger Platz in der Weberstraße gelegene Markuskirche war mit ihren bewußten Anklängen an den Florentiner Dom im Außenbau eines der charakteristischen Werke der Berliner romantischen Schule. Als Backsteinbau wurde sie 1848–55 nach Entwürfen Friedrich August Stülers von Georg Erbkam und G. L. Runge errichtet. Ebenso wie die St.-Bartholomäus- und die St.-Andreas-Gemeinde war die St.-Markus-Gemeinde für das Stralauer Viertel 1854 von der Parochie St. Georgen abgetrennt worden. Ihre Kirche entstand auf dem alten Georgenkirchhof.

Die Markuskirche war ein achteckiger Zentralbau mit Apsis und quadratischem, fünfgeschossigem, flachgedecktem, fast 60 Meter hohem Westturm über dem Eingang, der nachträglich hinzugefügt wurde. Die breiten rötlichen Ziegelflächen des Äußeren wurden von horizontalen dunkleren Steinstreifen unterbrochen. Aus Formsteinen bestanden die Gesimse und die kleinen Säulengalerien, die den Chor und den Oberbau krönten. Diese und zahlreiche andere Details kennzeichnen den Rundbogenstil dieser Kirche, bei der Stüler auf oberitalienische Vorbilder des 15. Jahrhunderts zurückgriff.

Im Innern trugen acht schlanke, achteckige, fast 13 Meter hohe Sandsteinsäulen, auf denen breite Rundbogen ruhten, die Mauern des Mittelraumes und trennten ihn vom Umgang. Dieser war durch Emporen auf Eisenträgern in zwei Stockwerke mit flachen Holzdecken unterteilt. Über der Trommel des Mittelbaus erhob sich eine auf Eisenrippen gewölbte Kuppel von 50 Meter Durchmesser. Der durch acht große Rosenfenster erhellte Kuppelraum hatte eine Gesamthöhe von rund 47 Metern. Wesentlich wurde der Raumeindruck mitbestimmt durch die Freskomalereien der Altarnische mit segnendem Christus sowie den Evangelisten Johannes, Matthäus, Markus und Lukas von August Kaselowsky, Karl Stürmer und Julius Schrader sowie der sternengeschmückten Kuppel mit allegorischen Engelsfiguren durch Wilhelm Peters und Hermann Schultz, von dem auch die biblischen Gestalten an den Pilastern des Triumphbogens stammten. Zur Ausstattung, die 1908 teilweise verändert wurde, gehörten ein Altar aus Alabaster sowie ein Terrakottaaufstein nach Entwurf von Stüler, in der Charlottenburger Tonwarenfabrik Ernst March Söhne gefertigt.

Im Mai 1944 wurde die Markuskirche mit ihrem gesamten Inventar vernichtet, ihre Ruine 1957 beseitigt.

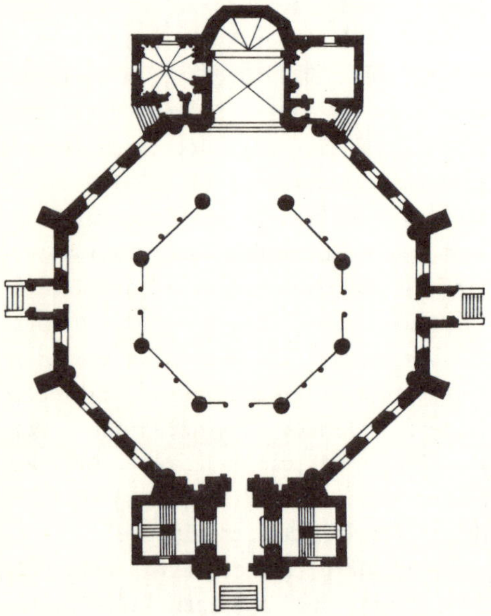

Michael-Kirche

Die Michaelkirche am Engelbecken des 1848–52 angelegten Luisenstädtischen Kanals entstand als erste katholische Garnisonkirche und zweites katholisches Gotteshaus Berlins. Der nach Entwürfen von August Soller 1851 begonnene, aber erst 1861 geweihte, mehrfarbige Backsteinbau in Anlehnung an den Rundbogenstil der oberitalienischen Renaissance gilt als das bedeutendste Werk der direkten Schinkelnachfolge und war beispielsweise für Theodor Fontane die schönste Kirche der Stadt überhaupt. Der Sakralbau wurde im Zusammenhang mit den Lennéschen Plänen für die Luisenstadterweiterung von 1840 auf dem damaligen Köpenicker Feld, dem späteren Michaelkirchplatz, unter Leitung Gustav Emil Prüfers begonnen und nach dem Tode Sollers 1853 von Friedrich August Stüler sowie Andreas Simons und Richard Lucae weitergeführt. Die dreischiffige kreuzförmige Hallenkirche mit kurzem Chor – von seinen drei Apsiden die mittlere für den Hochaltar, die seitlichen für die Nebenaltäre bestimmt – und mit der Sakristei in der Chornische hinter dem Hochaltar hat über der Vierung eine hohe, fast zierlich wirkende Kuppel mit runden Fensteröffnungen. Das Mittelschiff des Langhauses und die Kreuzarme waren von Flachkuppeln überwölbt, die Seitenschiffe von quergestellten Halbkreistonnen.

Der stattliche, 47,10 Meter hohe kupfergedeckte Kuppelturm erhebt sich mit kreisrundem Tambour auf einem kubischen Sockel mit Ecktürmchen und beherrscht das Gesamtbild der Kirche. Die turmlose Westfassade ist durch eine hohe Rundbogennische, welche die Eingangshalle bildet, und einen darüberliegenden Glockengiebel gegliedert. Über diesem Glockenhaus erhob sich die vergoldete Zinkfigur des Erz-

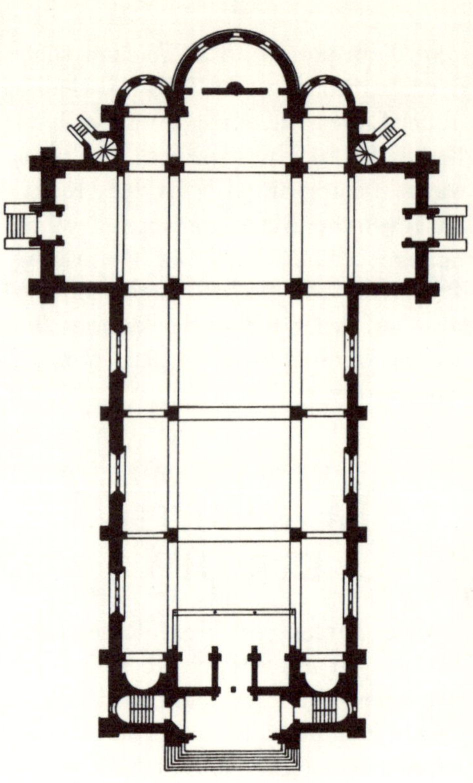

engels Michael als Drachentöter, entworfen von August Kiß.

Das Innere wurde auf Wunsch König Friedrich Wilhelms IV., der regen Anteil an der Bauausführung nahm, im Stil S. Salvatore, der berühmtesten Hochrenaissancekirche von Venedig, nachempfunden. Der 55 Meter lange, durch Rundbogenfenster erhellte Kirchenraum besaß nur eine, über dem Haupteingang liegende Empore für die Orgel. Kanzel und Kommunionsbank aus Marmor, vor der August Soller bestattet wurde, standen am östlichen Vierungspfeiler. Das Hochaltargemälde mit dem Kampf des Erzengels mit Luzifer zwischen Paulus und Petrus war ein Werk der Düsseldorfer Malerschule von Franz Commans. Bei dem Altartabernakel stammte die Madonna aus Marmor von Heinrich Pohlmann und das Mosaikgemälde mit der Marienkrönung von Franz Becker-Tempelburg. Karl Begas malte eine Kreuzabnahme für die Michaelkirche, während Carl Blümel um 1930 die Plastik eines Schmerzensmannes schuf.

Der Luisenstädtische Kanal wurde 1926–28 zugeschüttet und das Engelbecken in einen baumbestandenen Platz – heute Teil des Heinrich-Heine-Platzes – verwandelt, wodurch die Kirche ihren malerischen Vordergrund verlor. 1944 und 1945 wurde das Gebäude durch Bomben schwer beschädigt. Ab 1948 erfolgten Sicherungsmaßnahmen an der Ruine. Chor und Querschiff wurden 1952/53 als modern gestalteter Gottesdienstraum und der Glockenturm 1960 wiederhergestellt. 1980 wurde die Tambourkuppel restauriert.

Andreas-Kirche

Als Folge der Ausweitung der Stralauer Vorstadt um die Mitte des 19. Jahrhunderts wurde 1854 von der Georgen-Gemeinde die Andreas-Gemeinde abgeteilt. Für sie entstand bis 1856 auf dem Stralauer Platz – dem Vorplatz des heutigen Ostbahnhofes – die St.-Andreas-Kirche nach Entwürfen von Johann Heinrich Strack unter Leitung von Baurat Gustav Holtzmann.

Bei dieser mittelgroßen dreischiffigen Backsteinbasilika in relativ nüchternem Rundbogenstil wurde die halbkreisförmige Altarnische von einer Halbkugel überwölbt. Hinter dieser Apsis waren die beiden Sakristeien als ringförmige niedrige Anschlußbauten herumgeführt. Die Mitte der querschiffartig gestalteten Eingangsfront nahm der fast 60 Meter hohe, schlanke Turm ein. Unten rechteckig, dann quadratisch und zuletzt achteckig, besaß er einen eisernen, mit Zinkblech verkleideten Helm. Im Innern trugen die Arkadenpfeiler aus Sandstein auf Rundbögen die Emporen der Seitenschiffe. Der 1300 Sitzplätze bietende, rund 17 Meter hohe Innenraum besaß Holzdecken. Von August Kaselowsky stammten Wandgemälde, die den Apostel Andreas als Namenspatron der Kirche und den Apostel Petrus darstellten.

Nach 1899 erhielt das Gotteshaus eine neue Kanzel, ein von Feodor Poppe gemaltes Altarbild mit einer Darstellung Jesu und Petri auf dem See Genezareth sowie 30 farbige Glasfenster mit Darstellungen aus dem Alten und dem Neuen Testament. 1905 wurde am Turm und an der Apsis ein breiter geometrischer Fries in farbigem Glasmosaik angebracht. 1925 folgte eine umfassende Erneuerung des Inneren. 1944 wurde die Andreaskirche durch Bomben zerstört, die Ruine 1949 beseitigt.

Bartholomäus-Kirche

Die Gemeinde »Parochie vor dem Königstor« war 1854 von St. Georgen abgezweigt worden. Vor dem ehemaligen Neuen Königstor, an der Neuen Königstraße (der heutigen Hans-Beimler-Straße) wurde die Bartholomäuskirche 1854–58 nach Entwürfen von Friedrich August Stüler durch Friedrich Adler für diese neue Gemeinde errichtet. In dem Backsteinbau von ausgewogenen Proportionen greift Stüler, einer der engsten Mitarbeiter Schinkels, auf gotische Stilformen zurück. Der dreischiffige Hallenbau ist mit drei parallelen Satteldächern gedeckt, deren Abschlußgiebel neben dem im Grundriß quadratischen Turm in der Hauptachse den Gesamteindruck beherrschten. Der Turm steht zwischen zwei nach außen offenen quadratischen Vorhallen, die den Seitenschiffen vorgelagert sind und auch deren Höhe haben. Die Holztüren waren ähnlich denen der Wittenberger Schloßkirche gestaltet worden. Die Räume für die Sakristei und die Taufkapelle entstanden neben dem zu fünf Achteln geschlossenen Chor. Die drei Schiffe der 41,42 Meter langen und 21,60 Meter breiten Kirche erhielten im Innern holzgetäfelte Decken. In den Seitenschiffen befinden sich einfache, vor dem Turmhaus doppelte Emporen. Die Innenausstattung war ebenfalls von Stüler in neugotischem Stil entworfen worden.

Wegen schwerer baulicher Schäden mußte das Gebäude bereits 1883 teilweise und 1905 grundlegend instand gesetzt werden. 1907 erhielt der ursprünglich 64 Meter hohe steinerne Turm einen neuen Kupferhelm. Bei der Wiederherstellung der im zweiten Weltkrieg zu zwei Dritteln zerstörten Bartholomäuskirche bis 1957 wurden die drei langen Satteldächer zu einem vereinigt. Auch die Anbauten zu beiden Seiten des Chores wurden nicht rekonstruiert. Der Turm mit seiner sechsseitigen Spitze hat heute eine Höhe von 54 Metern.

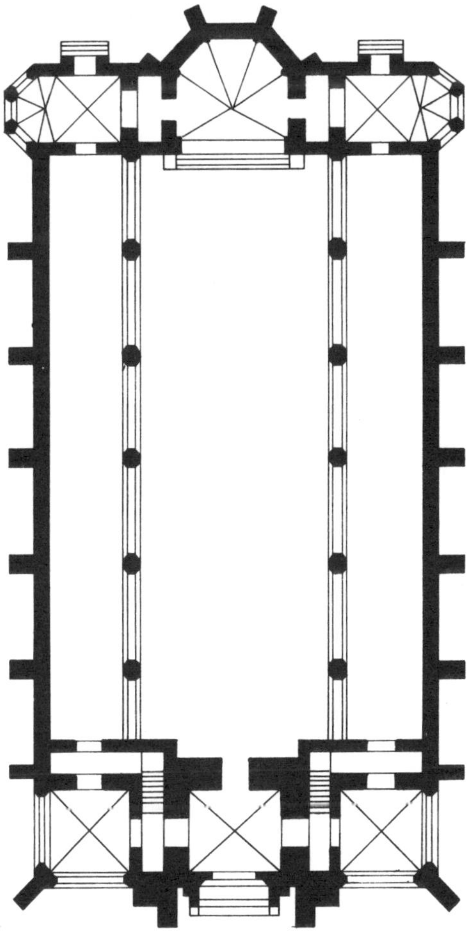

Verzeichnis der Tafeln

Alle Vorlagen, bei denen kein Besitzer angegeben ist, befinden sich im Märkischen Museum Berlin; die fotografischen Aufnahmen fertigte Christel Lehmann. Die Fotos der Königlich Preußischen Meßbildanstalt bzw. Staatlichen Bildstelle Berlin stammen aus dem Meßbildarchiv des Instituts für Denkmalpflege, Berlin.
Bei den Angaben der Maße ist die Höhe der Breite vorangestellt.

Nikolaikirche

1. Johann Heinrich Hintze, Die Nikolaikirche in Berlin. 1827.
Öl auf Leinwand, 40 × 32 cm.
Vor der Kirche Fleischerscharren in der Poststraße.
2. Die Nikolaikirche. Um 1745.
Anonymer kolorierter Kupferstich,
Bildgröße: 12,2 × 13,4 cm.
Ausschnitt aus dem Prospekt von Matthäus Seutter »Eigentliche Abbildung und Prospecte derer Kirchen, Paläste, prächtigen publiquen Gebäude und Statuen, so in der Königl. Preußisch. und Churfürstlich Brandenburgischen Residenz-Statt Berlin anzutreffen. Verlegt von Matth. Seutter, Kaiserl. Geographo in Angspurg.« Gesamtgröße: 49 × 171 cm.
3. Chorumgang in der Nikolaikirche. 1919.
Aufnahme der Königlich Preußischen Meßbildanstalt. Ausschnitt.
4. Der Nikolaikirchplatz hinter der Nikolaikirche. Um 1875.
Fotografie von F. Albert Schwartz, Berlin. Ausschnitt.
5. Friedrich Wilhelm Klose, Innenansicht der Nikolaikirche. Um 1830.
Stahlstich von H. Fincke,
Bildgröße: 9,4 × 14,1 cm.
6. Das Männlichsche Grabmal von Andreas Schlüter in der Nikolaikirche. 1919.
Aufnahme der Königlich Preußischen Meßbildanstalt.
7. Carl Graeb, Innenansicht der Nikolaikirche zu Berlin. 1862.
Aquarell auf gelblichem Karton,
42,0 × 30,5 cm. Ausschnitt.
Blick in das östliche Seitenschiff.
8. Die Nikolaikirche, von der Stralauer Straße 47/48 aus gesehen, während der Niederlegung von Teilen der Umbauung. 1878.
Fotografie eines unbekannten Berliner Fotografen.
9. Blick durch das Gitter der Krautschen Grabkapelle in der Nikolaikirche. 1919.
Aufnahme der Königlich Preußischen Meßbildanstalt.
10. Julius Jacob, Inneres der Nikolaikirche. 1886.
Aquarell mit Deckweiß auf Karton,
46,3 × 30,7 cm.
11. Die Nikolaikirche von Südwesten. 1904.
Fotografie von Max Missmann, Berlin.

Petrikirche

12. Johann David Schleuen, Die Petrikirche mit neuem Turm, der 1730 durch Blitzschlag zerstört wurde. Um 1760.
Kupferstich, Bildgröße: 7,3 × 4,4 cm. Randbild zum Plan von Schmettau/Schleuen »Die Königl. Residenz Berlin, so wie selbige seit Anno 1734 unter voriger Königl. Regierung ansehnlich erweitert, auch von Sr. jetzt regierender Königl. Maj. verändert, verbessert und mit vielen prächtigen Gebäuden vermehrt worden. Nach dem Plan des Weil. Königl. Feld-Zeugmeisters Herrn von Schmettau aufs accurateste in diesem bequemen Format gebracht, die seitdem geschehenen Veränderungen aufs fleißigste angemerket und mit den Prospekten der vornehmsten Gebäuden ausgeziert. Herausg. unter Aufsicht J. D. Schleuen Kupferstecher in Berlin.« Blattgröße: 84 × 78 cm.
13. Johann David Schleuen, Seitenansicht der Petrikirche. 1730.
Kupferstich, Plattengröße: 18,6 × 30,8 cm. Aus: J. G. Reinbeck, Umständliche Nachricht von dem Brande der St. Petrikirche, Berlin 1730, Blatt Nr. 1.
Dargestellt ist der Bauzustand vor 1726.
14. Johann David Schleuen, Brandruinen am Petrikirchplatz vom 29. 5. 1730. 1730.
Kupferstich, Bildgröße: 18,5 × 29,8 cm. Aus: J. G. Reinbeck, Umständliche Nachricht von dem Brande der St. Petrikirche, Berlin 1730, Blatt Nr. 4.
15. Johann David Schleuen, Die Petrikirche von 1733. Um 1760.
Kupferstich, Bildgröße: 4,9 × 5,5 cm. Randbild zum Plan von Schmettau/Schleuen (siehe Abb. 12). Blattgröße: 84 × 78 cm.
16. Johann Georg Rosenberg, Der Köllnische Fischmarkt mit Petrikirche. 1785.
Kolorierter Kupferstich, 46,5 × 49,2 cm (beschnitten). Ausschnitt.
In der Mitte das Köllnische Rathaus.
17. Franz Catel, Die Petrikirche von der Brüderstraße aus gesehen. 1808.
Kupferstich von L. W. Hüllmann,
Bildgröße: 18 × 27 cm.
Foto: Institut für Denkmalpflege, Berlin, Abt. Meßbild.
18. Die Petrikirche. 1904.
Fotografie von Max Missmann, Berlin.
19. Eduard Gaertner, Die Brüderstraße in Berlin mit Petrikirche. 1863.
Öl auf Leinwand, 42 × 35 cm.
Nationalgalerie der Staatlichen Museen Stiftung Preußischer Kulturbesitz Berlin (West). Foto: Jörg P. Anders, Berlin (West).
20. Inneres Langhaus der Petrikirche nach Osten. Um 1920.
Aufnahme der Königlich Preußischen Meßbildanstalt.

Franziskanerklosterkirche

21. Johann David Schleuen, Die Kirche zum Grauen Kloster in Berlin um 1740. Um 1760.
Kupferstich, Bildgröße: 4,9 × 5,6 cm. Randbild zum Plan von Schmettau/Schleuen (siehe Abb. 12). Blattgröße: 84 × 78 cm.
22. Zwei Heiligenfiguren in der Franziskanerklosterkirche. 1919.
Aufnahme der Königlich Preußischen Meßbildanstalt.
23. Adolph von Menzel, Predigt in der alten Klosterkirche zu Berlin. 1847.
Öl auf Leinwand, 63 × 53 cm. Staatliche Kunstsammlungen Dresden, Gemäldegalerie Neue Meister. Foto: Gerhard Reinhold, Leipzig-Mölkau.
24. C. T. Gregorovius, Die Klosterkirche von Südwesten. 1848.
Bleistiftzeichnung, 30,7 × 24,0 cm. Staatliche Schlösser und Gärten Potsdam-Sanssouci. Foto: Klaus G. Beyer, Weimar.
25. Schwartz, Die Klosterkirche und die Streit'sche Stiftung. 1832.
Stahlstich von Barber,
Bildgröße: 9,5 × 14,4 cm.
Aus: S. H. Spiker, Berlin und seine Umgebungen im 19. Jahrhundert, Berlin 1832.
26. Carl Würbs, Die Klosterstraße mit der Franziskanerklosterkirche. Um 1850.
Stahlstich von Georg Michael Kurz, Bildgröße: 10,9 × 16,1 cm.
27. Eduard Gaertner, Das Innere der Kirche zum Grauen Kloster. 1844.
Wasserfarben auf Papier, 26,2 × 20,6 cm. Ausschnitt. Staatliche Schlösser und Gärten Potsdam-Sanssouci. Foto: Klaus G. Beyer, Weimar.
28. Chorgestühl der Franziskanerklosterkirche. 1919.
Aufnahme der Königlich Preußischen Meßbildanstalt.
29. Grabplatte des Conrad von Belitz in der Franziskanerklosterkirche. 1910.

Aufnahme der Königlich Preußischen Meßbildanstalt.
30. Inneres der Franziskanerklosterkirche mit Blick zur Orgel. 1919.
Aufnahme der Königlich Preußischen Meßbildanstalt. Ausschnitt.

Marienkirche

31. Die Marienkirche. Um 1745.
Anonymer kolorierter Kupferstich, Bildgröße: 12,1 × 12,9 cm.
Ausschnitt aus dem Prospekt von Matthäus Seutter (siehe Abb. 2).
Gesamtgröße: 49 × 171 cm.
32. Friedrich Wilhelm Klose, Das Innere der Marienkirche. Um 1827.
Aquarell und Deckfarben auf Karton, 52,1 × 68,1 cm.
Staatliche Schlösser und Gärten Potsdam-Sanssouci. Foto: Klaus G. Beyer, Weimar.
33. Johann Heinrich Hintze, Der Neue Markt mit Marienkirche. 1828.
Öl auf Leinwand, 65,0 × 48,5 cm. Nationalgalerie der Staatlichen Museen zu Berlin.
34. Johann Georg Rosenberg, Der Hackesche Markt mit der Marienkirche im Hintergrund. 1787.
Mit Deckfarben kolorierter Kupferstich, Bildgröße: 39,4 × 66,0 cm.
35. Carl Gotthard Langhans, Entwurf zum Turm der Marienkirche. Um 1789.
Aquarellierte Federzeichnung, 63,4 × 44,3 cm.
36. Die Kanzel der Marienkirche von Andreas Schlüter. 1919.
Aufnahme der Königlich Preußischen Meßbildanstalt.
37. Julius Jacob, Glöckner in der Marienkirche vor dem Sparrschen Grabgitter. 1889.
Aquarell mit Deckweiß, Karton auf Pappe, 46,0 × 30,3 cm.
38. Julius Jacob, Predigt in der Marienkirche. Um 1890.
Aquarell mit Deckweiß, Karton auf Pappe, 33,5 × 24,4 cm. Ausschnitt, vergrößert.
39. Choransicht der Marienkirche von Südosten. 1886.
Aufnahme der Königlich Preußischen Meßbildanstalt. Ausschnitt.
40. Inneres der Marienkirche mit Blick zur Orgel. 1910.
Aufnahme der Königlich Preußischen Meßbildanstalt.
41. Die Marienkirche vor Abbruch der Häuser am Neuen Markt. 1882.
Fotografie von Wilhelm Hermes, Berlin.
42. Choransicht der Marienkirche von Nordosten. 1893.
Fotografie von F. Albert Schwartz, Berlin.
43. Die Marienkirche mit Neuem Markt und Luther-Denkmal. 1904.
Fotografie von Max Missmann, Berlin.

Georgenkirche

44. Die Georgenkirche in der Königsstadt. Um 1745.
Anonymer kolorierter Kupferstich, Bildgröße: 12,0 × 12,9 cm.
Ausschnitt aus dem Prospekt von Matthäus Seutter (siehe Abb. 2).
Gesamtgröße: 49 × 171 cm.
45. Friedrich August Calau, Die Georgenkirche in der Königsstadt. 1797.
Kolorierter Kupferstich, Bildgröße: 5,5 × 8,8 cm.
46. Johann David Schleuen, Die Georgenkirche von 1714. Um 1760.
Kupferstich, Bildgröße: 5,5 × 5,6 cm. Randbild zum Plan von Schmettau/Schleuen (siehe Abb. 12). Blattgröße: 84 × 78 cm.
47. J. Wilhelm, Die Georgenkirche. Um 1857.
Lithographie, 19,8 × 12,5 cm. Aus: G. Rahn, Die Berliner Königsstadt und deren vier Kirchen, 2. Auflage, Berlin 1857.
48. Die Georgenkirche. 1886.
Aufnahme der Königlich Preußischen Meßbildanstalt.
49. Das Hauptschiff der Georgenkirche. Um 1898.
Holzstich nach dem Entwurf von Johannes Otzen, 18,5 × 14,1 cm.
Aus: Berliner Lokalanzeiger, 2. 3. 1898.
50. Die Altarapsis der Georgenkirche. 1898.
Fotografie von Hugo Rudolphy, Berlin. Ausschnitt.
51. Johannes Otzen, Entwurf für die Georgenkirche. 1893.
Lavierte Bleistiftzeichnung, 24,8 × 16,9 cm. Entwurf zum I. Wettbewerbsprogramm für den Kirchenneubau St. Georgen, der mit verschiedenen Veränderungen ausgeführt wurde.
52. Georgenkirche. 1904.
Fotografie von Max Missmann, Berlin.

Heiliggeistkapelle

53. Innenraum der Heiliggeistkapelle mit Blick zur Kanzel. 1904.
Fotografie von Ernst von Brauchitsch, Berlin.
54. Innenraum der Heiliggeistkapelle mit Blick zur Orgel. 1904.
Fotografie von Ernst von Brauchitsch, Berlin.
55. Die Spandauer Straße mit Heiliggeistkapelle und Handelshochschule. 1911.
Fotografie von Max Missmann, Berlin.
56. Die Heiliggeistkapelle in der Spandauer Straße. 1904.
Fotografie von Ernst von Brauchitsch, Berlin.
57. Ludwig Leopold Müller, Die Heiliggeistkapelle in der Spandauer Straße. Um 1820.
Aquarell, 20 × 25,5 cm. Kupferstichkabinett der Staatlichen Museen Stiftung Preußischer Kulturbesitz Berlin (West).

Dominikanerklosterkirche

58. Caspar Merian, Die ehemalige Dominikanerklosterkirche. Um 1650.
Radierung. Ausschnitt aus der Gesamtansicht von Berlin-Kölln aus der Merian-Zeillerschen Topographie der Mark Brandenburg, 1652, S. 26/27. Gesamtgröße: 23 × 72 cm.
59. Johann Friedrich Walther, Die ehemalige Dominikanerklosterkirche auf dem Schloßplatz. Um 1737.
Federzeichnung, Blattgröße: 17,2 × 19,6 cm. Vorzeichnung zu einem Randbild für den Plan von Georg Paul Busch und Johann Friedrich Walther, 1737/38.

Gertraudenkirche

60. J. M. F. Schmidt, Die Gertraudenkirche im Jahre 1690. 1835.
Aquatinta von F. W. Kliewer nach Johann Stridbeck, 6,3 × 9,0 cm. Ausschnitt, vergrößert.
61. Johann David Schleuen, Die Gertrauden-Hospitalkirche im Jahre 1711. Um 1760.
Kupferstich, Bildgröße: 4,6 × 5,0 cm. Randbild zum Plan von Schmettau/Schleuen (siehe Abb. 12). Blattgröße: 84 × 78 cm.
62. Die Gertraudenkirche vor dem Abbruch. 1880.
Fotografie von Hermann Rückwardt, Berlin. Ausschnitt.
63. Eduard Gaertner, Der Spittelmarkt mit der Gertraudenkirche. 1833.
Öl auf Leinwand, 48,5 × 78,5 cm. Ausschnitt. Staatliche Schlösser und Gärten Potsdam-Sanssouci. Foto: Klaus G. Beyer, Weimar.

Kapellen im Berliner Schloss

64. Blick auf die Spreeseite des Schlosses von Südosten mit Erasmuskapelle und »Grünem Hut«. 1916.
Aufnahme der Königlich Preußischen Meßbildanstalt.
65. Erasmuskapelle und »Grüner Hut« des Schlosses. 1916.
Aufnahme der Königlich Preußischen Meßbildanstalt.

66. Innenansicht der Erasmuskapelle. Um 1930.
Aufnahme der Staatlichen Bildstelle Berlin.
67. Der Kapitelsaal, die frühere Alte Kapelle, im Schloß. 1916.
Aufnahme der Königlich Preußischen Meßbildanstalt. Ausschnitt.
68. Albert Schwendy, Blick von den Königlichen Mühlen am Mühlendamm auf die Schloßkuppel. 1848.
Öl auf Leinwand, 63,0 × 52,5 cm.
Verwaltung der Staatlichen Schlösser und Gärten Berlin (West).
Foto: Jörg P. Anders, Berlin (West).
69. Blick zum Schloß von Nordwesten mit der Kapelle unter der Schloßkuppel. 1916.
Aufnahme der Königlich Preußischen Meßbildanstalt.
70. Innenraum der Schloßkapelle mit Blick zum Altar. 1916.
Aufnahme der Königlich Preußischen Meßbildanstalt. Ausschnitt.

Jerusalemer Kirche

71. Turmfront der Jerusalemer Kirche. Um 1745.
Anonymer Kupferstich,
Bildgröße: 12,1 × 13,3 cm.
Ausschnitt aus dem Prospekt von Matthäus Seutter (siehe Abb. 2).
Gesamtgröße: 49 × 171 cm.
72. F. A. Borchel, Die Jerusalemer Kirche. Um 1850.
Bleistiftzeichnung, Passepartout-Ausschnitt: 14,4 × 19,8 cm.
73. C. H. Horst, Seitenaufriß der Jerusalemer Kirche. Um 1726.
Kupferstich von Johann Georg Ringlin,
Plattengröße: 42,9 × 28,6 cm.
74. Der barocke Orgelprospekt der Jerusalemer Kirche. 1876.
Anonyme Fotografie.
Das von Johann Joachim Wagner gebaute Orgelwerk vor dem Kirchenumbau von 1878/79.
75. Gottlob Theuerkauf, Der Neubau der Jerusalemer Kirche in Berlin. 1879.
Holzstich, 28,0 × 23,2 cm.
Aus: Illustrierte Zeitung No. 1908, Leipzig, 24. Januar 1880, S. 74.

Dorotheenstädtische Kirche

76. Johann David Schleuen, Die Französische Kirche auf der Dorotheenstadt von 1687. Um 1760.
Kupferstich, Bildgröße: 4,4 × 5,5 cm.
Randbild zum Plan
von Schmettau/Schleuen (siehe Abb. 12).
Blattgröße: 84 × 78 cm.
77. Rudolf Schick, Die Dorotheenstädtische Kirche. 1859.
Aquarell, Gesamtblatt: 26,7 × 31,4 cm, Innenbild: 13,3 × 15,6 cm.
78. Die Dorotheenstädtische Kirche von Nordosten. 1910.
Aufnahme der Königlich Preußischen Meßbildanstalt.
79. Grabmal des Grafen von der Mark in der Dorotheenstädtischen Kirche. 1910.
Aufnahme der Königlich Preußischen Meßbildanstalt. Ausschnitt.
80. Innenansicht der Dorotheenstädtischen Kirche mit Blick zum Chor. 1910.
Aufnahme der Königlich Preußischen Meßbildanstalt. Ausschnitt.

Luisenstädtische Kirche

81. Johann David Schleuen, Die Kirche der Köllnischen Vorstadt von 1695. Um 1760.
Kupferstich, Bildgröße: 5,4 × 5,9 cm. Randbild zum Plan von Schmettau/Schleuen (siehe Abb. 12). Blattgröße: 84 × 78 cm.
82. Johann David Schleuen, Die Kirche der Köllnischen Vorstadt von 1754. Um 1760.
Kupferstich, Bildgröße: 4,3 × 5,6 cm. Randbild zum Plan von Schmettau/Schleuen (siehe Abb. 12). Blattgröße: 84 × 78 cm.
83. Die Luisenstädtische Kirche an der Sebastianstraße. Um 1890.
Fotografie von Georg Bartels, Berlin. Ausschnitt.

Parochialkirche

84. C. H. Horst, Entwurf für die Hauptfront der Parochialkirche. Um 1713/14.
Kupferstich von Johann Balthasar Probst, Plattengröße: 40,1 × 25,4 cm.
85. Eduard Gaertner, Die Klosterstraße mit Parochialkirche. 1833.
Stahlstich von Ernst Friedrich Grünewald, Bildgröße: 14,3 × 9,2 cm. Ausschnitt, vergrößert.
86. Blick auf die Parochialkirche in der Klosterstraße. Um 1930.
Aufnahme der Staatlichen Bildstelle Berlin.
87. Die Kanzel der Parochialkirche. 1919.
Aufnahme der Königlich Preußischen Meßbildanstalt.

Französische Kirche in der Kommandantenstrasse

88. Johann David Schleuen, Die Französische Kirche in der Köllnischen Vorstadt. Um 1760.
Kupferstich, Bildgröße: 5,1 × 4,6 cm. Randbild zum Plan von Schmettau/Schleuen (siehe Abb. 12). Blattgröße: 84 × 78 cm.
89. Die Französische Kirche in der Luisenstadt. Um 1890.
Fotografie von Georg Bartels, Berlin. Ausschnitt.

Friedrichswerdersche Kirche

90. Johann Heinrich Hintze, Die neue Friedrich-Werdersche Kirche von der Westseite. 1832.
Stahlstich von Barber, 10,1 × 14,6 cm.
Links im Vordergrund das Opernhaus, rechts die Hedwigskirche.
91. Die Friedrichswerdersche Kirche 1737, 1799, 1688 und 1801. 1801.
Anonyme Aquatinta,
Blattgröße: 19,9 × 18,9 cm.
Aus: Mémoire historique pour le jubilé centenaire de la dédicace du Temple du Werder, Berlin 1801.
Hugenotten Museum Berlin. Foto: Christel Lehmann, Berlin.
92. Karl Friedrich Schinkel, Portal der Kirche auf dem Werderschen Markt in Berlin. 1829.
Stahlstich von Carl Friedrich Thiele, Bildgröße: 46,2 × 36,8 cm. Aus: Sammlung architektonischer Entwürfe, Heft 13, Blatt 83, Berlin 1829.
93. Statue des Erzengels Michael über dem Portal der Friedrichswerderschen Kirche. Um 1935.
Fotografie aus: Dome und Kirchen in Berlin und Potsdam. Im Einvernehmen mit dem Reichskirchenausschuß herausgegeben vom Wichern-Verlag Berlin-Spandau, 1936, S. 5.
94. Der Werdersche Markt mit Friedrichswerderscher Kirche. 1904.
Fotografie von Max Missmann, Berlin. Ausschnitt.
95. Carl Freydank, Die Werdersche Kirche. 1838.
Öl auf Leinwand, 27,5 × 35,5 cm. Staatliche Porzellan-Manufaktur Berlin (West). Foto: Christel Lehmann, Berlin.
96. Innenansicht der Friedrichswerderschen Kirche mit Blick zum Chor. 1912.
Aufnahme der Königlich Preußischen Meßbildanstalt.
97. Friedrich Wilhelm Klose, Das Innere der Friedrichswerderschen Kirche. 1832.
Aquarell und Deckfarben auf Karton, 53 × 72 cm. Staatliche Schlösser und Gärten Potsdam-Sanssouci. Foto: Klaus G. Beyer, Weimar.

Französische und Deutsche Friedrichstadtkirche auf dem Gendarmenmarkt

98. Johann David Schleuen, Die Französische Kirche auf der Friedrichstadt im Jahre 1705. Um 1760.
Kupferstich, Bildgröße: 4,4 × 5,6 cm. Randbild zum Plan von Schmettau/Schleuen (siehe Abb. 12). Blattgröße: 84 × 78 cm.
99. Johann David Schleuen, Die Neue Kirche auf der Friedrichstadt im Jahre 1701. Um 1760.
Kupferstich, Bildgröße: 3,9 × 5,1 cm. Randbild zum Plan von Schmettau/Schleuen (siehe Abb. 12). Blattgröße: 84 × 78 cm.
100. A. Perdisch, Der Französische Dom zu Berlin. 1866.
Aquarellierte Feder- und Bleistiftzeichnung, Blattgröße: 95,5 × 64,5 cm.
101. M. F. Adolph, Vue du Marche de Gens d'Armes. 1788.
Kolorierter Kupferstich von Carl Benjamin Schwarz, 47,9 × 59,0 cm. Links im Vordergrund die Deutsche Kirche, in der Mitte das Französische Komödienhaus, rechts die Französische Kirche.
102. Die Französische Kirche. 1882.
Aufnahme der Königlich Preußischen Meßbildanstalt von Albrecht Meydenbauer. Ausschnitt.
103. Der Turm der Französischen Kirche von Norden. 1882.
Aufnahme der Königlich Preußischen Meßbildanstalt von Albrecht Meydenbauer.
104. Innenansicht der Französischen Kirche. 1885.
Fotografie von F. Albert Schwartz, Berlin.
105. Jeremias Wolff, Entwurf für die Neue oder Deutsche Kirche auf dem Gendarmenmarkt. Um 1705.
Kupferstich, Plattengröße: 35,8 × 21,3 cm.
106. Johann Georg Rosenberg, Der Einsturz der Deutschen Kirche auf dem Gendarmenmarkt am 28. Juli 1781. 1781.
Radierung, Plattengröße: 49,4 × 73,2 cm.
107. Blick vom Turm der Französischen Kirche auf die Deutsche Kirche. Um 1865.
Fotografie von F. Albert Schwartz, Berlin.
108. Der Gendarmenmarkt mit Deutschem und Französischem Dom. 1909.
Fotografie von Max Missmann, Berlin.
109. G. F. Kluge, Die Hauptfassade des Deutschen Domes auf dem Gendarmenmarkt. 1812.
Aquarellierte Federzeichnung, 93,6 × 59,4 cm.

Garnisonkirche

110. Johann David Schleuen, Die Garnisonkirche im Jahre 1703. Um 1760.
Kupferstich, Bildgröße: 4,5 × 5,4 cm. Randbild zum Plan von Schmettau/Schleuen (siehe Abb. 12). Blattgröße: 84 × 78 cm.
111. Johann David Schleuen, Die Garnisonkirche im Jahre 1722. Um 1760.
Kupferstich, Bildgröße: 3,9 × 6,2 cm. Randbild zum Plan von Schmettau/Schleuen (siehe Abb. 12). Blattgröße: 84 × 78 cm.
112. Johann David Schleuen, Die Spandauer Straße mit der Garnisonkirche im Jahre 1720. Um 1730.
Kupferstich, Plattengröße: 20,6 × 32,8 cm. Zustand nach der Explosion des Pulverturmes am Spandauer Tor am 12. August 1720; rechts (a) die Garnisonkirche, über dem Pulverturmstumpf (e) der Turm der Heiliggeistkapelle (f).
113. Die Garnisonkirche in der Neuen Friedrichstraße mit Pfarrhaus von Südwesten. Um 1930.
Aufnahme der Staatlichen Bildstelle Berlin. Ausschnitt.
114. Johann Friedrich Walther, Die alte Orgel der Garnisonkirche. 1728.
Kolorierter Kupferstich von Georg Paul Busch, 17,6 × 15,0 cm.
Staatliche Schlösser und Gärten Potsdam-Sanssouci. Foto: Klaus G. Beyer, Weimar.

Waisenhauskirche

115. Johann David Schleuen, Ansicht des Großen Friedrichs-Hospitals und Waisenhauses zu Berlin. Um 1730.
Kupferstich, Plattengröße: 20,2 × 32,3 cm.
116. Sella Hasse, Blick über die Waisenbrücke auf die Waisenhauskirche. Um 1900.
Öl auf Leinwand, 60,5 × 77,0 cm.
Im Hintergrund die Türme von Rathaus, Parochial- und Petrikirche.
117. Die Waisenhauskirche vor dem Abbruch. 1904.
Fotografie von Max Missmann, Berlin. Ausschnitt.

Sophienkirche

118. Die Sophienkirche von Osten. 1882.
Fotografie eines unbekannten Berliner Fotografen.
119. Johann Friedrich Walther, Seitenansicht der Sophienkirche. 1735.
Aquarellierte Federzeichnung, 49,4 × 36,0 cm.
120. Die Sophienkirche von Nordwesten. 1905.
Aufnahme der Königlich Preußischen Meßbildanstalt. Ausschnitt.
121. Johann Georg Rosenberg, Der Hackesche Markt mit Spandauer Brücke und Sophienkirche im Hintergrund. 1787.
Mit Deckfarben kolorierter Kupferstich, Bildgröße: 39,1 × 65,0 cm. Ausschnitt.
122. Die Sophienkirche von Südosten. 1910.
Aufnahme der Königlich Preußischen Meßbildanstalt.

Französische Kirche in der Klosterstrasse

123. Johann David Schleuen, Die Französische Kirche in Berlin. Um 1760.
Kupferstich, Bildgröße: 5,0 × 4,9 cm. Randbild zum Plan von Schmettau/Schleuen (siehe Abb. 12). Blattgröße: 84 × 78 cm.
124. Innenansicht der »Französischen Klosterkirche« mit Blick zur Orgel. 1910.
Aufnahme der Königlich Preußischen Meßbildanstalt. Ausschnitt.

Bethlehemskirche

125. Die Bethlehemskirche von Nordwesten. 1910.
Aufnahme der Königlich Preußischen Meßbildanstalt.
126. Innenansicht der Bethlehemskirche. 1910.
Aufnahme der Königlich Preußischen Meßbildanstalt. Ausschnitt.
127. Franz Skarbina, Die Böhmische Kirche am Heiligen Abend. Um 1900.
Öl auf Leinwand, 130 × 99 cm.
128. Johann Georg Rosenberg, Die Mauerstraße mit der Bethlehemskirche. 1776.
Kolorierter Kupferstich, Bildgröße: 40,1 × 66,6 cm.

Dreifaltigkeitskirche

129. Johann Friedrich Walther, Die Dreifaltigkeitskirche. Um 1737.
Aquarellierte Federzeichnung, 29,2 × 33,2 cm (beschnitten). Vorzeichnung zu einem Randbild des Planes von Georg Paul Busch und Johann Friedrich Walther, 1737/38.
130. Die Dreifaltigkeitskirche. 1910.
Aufnahme der Königlich Preußischen Meßbildanstalt.
131. Eduard Gaertner, Das Innere der Dreifaltigkeitskirche in Berlin. 1847.
Wasserfarben auf Papier, 30,5 × 23,7 cm. Ausschnitt. Staatliche Schlösser und Gärten Potsdam-Sanssouci. Foto: Klaus G. Beyer, Weimar.
132. Johann Georg Rosenberg, Die Mauerstraße mit der Dreifaltigkeitskirche. 1785.

Kolorierter Kupferstich, 38,0 × 50,5 cm (beschnitten). Ausschnitt.
133. Die Dreifaltigkeitskirche. Um 1905.
Fotografie, Postkarten-Verlag und Photo-Archiv Ludwig Walter, Berlin.
134. Inneres der Dreifaltigkeitskirche. Um 1910.
Aufnahme eines unbekannten Berliner Fotografen. Ausschnitt.

Domkirche

135. Carl Traugott Fechhelm, Blick vom Platz am Zeughaus zum Lustgarten mit der Domkirche. 1788.
Öl auf Leinwand, 52,5 × 94,0 cm. Ausschnitt.
136. Friedrich August Calau, Die Domkirche in Berlin. 1795.
Kolorierter Kupferstich von Peter Haas, Plattengröße: 13,9 × 19,9 cm. Ausschnitt, vergrößert.
137. Carl Würbs, Die Domkirche in Berlin. Um 1850.
Stahlstich von Johann Poppel, Bildgröße: 10,7 × 14,2 cm. Ausschnitt, vergrößert.
138. Carl Hasenpflug, Die Domkirche in Berlin. 1825.
Öl auf Leinwand, 58,6 × 76,2 cm.
139. Eduard Gaertner, Inneres des alten Berliner Domes. 1824.
Öl auf Leinwand, 77 × 62 cm. Verwaltung der Staatlichen Schlösser und Gärten Berlin (West). Foto: Jörg P. Anders, Berlin (West).
140. Blick vom Alten Museum über den Lustgarten zum Dom. Um 1870.
Fotografie von F. Albert Schwartz, Berlin. Ausschnitt.
141. Blick vom Alten Museum über den Lustgarten zum Dom. 1905.
Aufnahme der Königlich Preußischen Meßbildanstalt. Ausschnitt.
142. S. Begg, Gottesdienst des Johanniterordens im Dom. Um 1910.
Lithographie, Bildgröße: 21,9 × 31,6 cm.
143. Innenansicht des Domes mit Blick zum Chor. 1905.
Aufnahme der Königlich Preußischen Meßbildanstalt. Ausschnitt.
144. Innenansicht des Domes mit Blick zur Orgel. 1905.
Fotografie von Max Missmann, Berlin.
145. Blick von der Schloßterrasse zum Dom. 1931.
Fotografie von Max Missmann, Berlin. Ausschnitt.
146. Carl Kayser-Eichberg, Blick über die Friedrichsbrücke zum Dom. Um 1910.
Farblithographie auf grauem Karton, Blattgröße: 69,5 × 56,5 cm.

Hedwigskirche

147. Blick in die Kuppel der Hedwigskathedrale. Um 1932.
Aufnahme der Staatlichen Bildstelle Berlin. Ausschnitt.
148. Blick durch das Eingangsgitter in den Innenraum der Hedwigskathedrale. Um 1932.
Aufnahme der Staatlichen Bildstelle Berlin. Ausschnitt.
149. Innenansicht der Hedwigskirche. 1886.
Aufnahme der Königlich Preußischen Meßbildanstalt. Ausschnitt.
150. Johann Georg Rosenberg, Die Hedwigskirche im Bau. 1777.
Kolorierte Radierung.
Blattgröße: 47,6 × 69,5 cm.
151. Ludwig Eduard Lütke, Der Opernplatz mit Hedwigskirche. Um 1845.
Farblithographie, Bildgröße: 15,3 × 22,0 cm.
152. Die Eingangsseite der Hedwigskirche. 1886.
Aufnahme der Königlich Preußischen Meßbildanstalt. Ausschnitt.

Elisabethkirche

153. Karl Friedrich Schinkel, Entwurf zur Ausmalung der Apsis der Elisabethkirche. 1833.
Aquarellierte Feder- und Bleistiftzeichnung, 58,6 × 43,7 cm.
Kupferstichkabinett und Sammlung der Zeichnungen der Staatlichen Museen zu Berlin.
154. Karl Friedrich Schinkel, Die Kirche vor dem Rosenthaler Tor zu Berlin. 1834.
Vorder- und Seitenansicht, Längs- und Querschnitt.
Stahlstich von Friedrich Wilhelm Schwechten, Gesamtgröße: 34,4 × 23,3 cm.
Aus: Sammlung architektonischer Entwürfe, Heft 23, Blatt 137, Berlin 1834.
155. Die Elisabethkirche von Südwesten. Um 1930.
Aufnahme der Staatlichen Bildstelle Berlin.
156. Innenansicht der Elisabethkirche mit Blick zur Orgel. Um 1930.
Aufnahme der Staatlichen Bildstelle Berlin.

Markuskirche

157. F. A. Borchel, Die Markuskirche von Süden. Um 1860.
Stahlstich von F. Foltz,
Bildgröße: 10,9 × 16,9 cm.

Michaelkirche

158. Choransicht der Michaelkirche. Um 1890.
Holzstich nach einer Zeichnung von Gustav Stier, 14,6 × 13,2 cm.
Aus: Berlin und seine Bauten. Bearbeitet und herausgegeben vom Architektenverein zu Berlin und der Vereinigung Berliner Architekten, Berlin 1896, Bd. II, S. 162.
159. Blick zur Michaelkirche über das Engelbecken. Um 1920.
Aufnahme der Staatlichen Bildstelle Berlin. Ausschnitt.
160. F. A. Borchel, Die Michaelkirche von Südosten. Um 1860.
Stahlstich von L. Oeder,
Bildgröße: 11,2 × 17,1 cm.

Andreaskirche

161. Die Andreaskirche am Stralauer Platz. 1887.
Fotografie von F. Albert Schwartz, Berlin. Ausschnitt.
162. Innenansicht der Andreaskirche. 1911.
Fotografie von Walter Seegert, Berlin. Ausschnitt.
In der Altarnische das Gemälde von Feodor Poppe.

Bartholomäuskirche

163. Die Bartholomäuskirche am Königstor. Um 1885.
Fotografie von F. Albert Schwartz, Berlin.
164. Julius Bormann, Die Kanzel der Bartholomäuskirche zu Berlin. Um 1865.
Farblithographie, Blattgröße: 32,5 × 24,6 cm (beschnitten).
165. Friedrich August Stüler, Entwurf für die Bartholomäuskirche. Um 1855.
Stahlstich von Ernst Jättnig, Gesamtplattengröße: 41,8 × 27,2 cm. Ausschnitt.

Literatur-Hinweise

1. Allgemeine Literatur

S. Badstübner-Gröger, Bibliographie zur Kunstgeschichte von Berlin und Potsdam. Berlin 1968

F. Nicolai, Beschreibungen der Königlichen Residenzstädte Berlin und Potsdam und aller daselbst befindlichen Merkwürdigkeiten. Berlin [3]1786

S. H. Spiker, Berlin und seine Umgebungen im 19. Jahrhundert. Berlin 1833

L. Freiherr von Zedlitz (Hrsg.), Neustes Conversations-Handbuch für Berlin und Potsdam. Berlin 1834

E. Fidicin, Berlin historisch und topographisch dargestellt. Berlin 1843

H. A. Müller, Die Museen und Kunstwerke Deutschlands. Erster Teil: Norddeutschland. Leipzig 1857

R. Springer, Berlin. Leipzig 1861

R. Springer, Berlin – Die deutsche Kaiserstadt. Darmstadt 1878

R. Borrmann, Die Bau- und Kunstdenkmäler von Berlin. Berlin 1893

Architektenverein zu Berlin und Vereinigung Berliner Architekten (Hrsg.), Berlin und seine Bauten, Band II und III. Berlin [2]1896

M. Osborn, Berlin. Leipzig 1909

G. Dehio, Handbuch der deutschen Kunstdenkmäler, Band II, Nordostdeutschland. Berlin [5]1940

G. Heinrich (Hrsg.), Berlin und Brandenburg. Handbuch der historischen Stätten Deutschlands, Band X. Stuttgart 1973

P. O. Rave, Berlin in der Geschichte seiner Bauten. München [3]1976

W. Volk, Berlin, Hauptstadt der DDR – Historische Straßen und Plätze heute. Berlin [6]1978

J. Schulz und W. Gräbner (Hrsg.), Architekturführer DDR – Berlin, Hauptstadt der DDR. Berlin [3]1981

J. Fait (Hrsg.), Deutsche Kunstdenkmäler – Ein Bildhandbuch. Bezirke Cottbus, Frankfurt/Oder, Potsdam und Berlin, Hauptstadt der DDR. Leipzig [3]1983

E. und H. Börsch-Supan u. a. (Hrsg.), Berlin – Kunstdenkmäler und Museen. Reclam Kunstführer Deutschland, Band VII. Stuttgart [3]1981

G. Piltz, Kunstführer durch die DDR. Leipzig [9]1982

G. Eckardt (Hrsg.), Schicksale deutscher Baudenkmale im zweiten Weltkrieg. Band I. Berlin [2]1982

W. Schneider und W. Gottschalk, Berlin – Eine Kulturgeschichte in Bildern und Dokumenten. Leipzig [2]1982

Christliche Kunst im Kulturerbe der Deutschen Demokratischen Republik. Hrsg. vom Hauptvorstand der Christlich-Demokratischen Union Deutschlands in Zusammenarbeit mit dem Institut für Denkmalpflege. Berlin [2]1984

Die Bau- und Kunstdenkmale in der DDR. Hauptstadt Berlin I. Hrsg. vom Institut für Denkmalpflege. Berlin 1983

G. Dehio, Handbuch der deutschen Kunstdenkmäler, Bezirke Berlin/DDR und Potsdam. Berlin 1983

2. Literatur zu Berliner Kirchen

H. Frankfurth, Berlin und Potsdam in der Sprache ihrer Kirchen und Friedhöfe. Berlin 1924

W. Lütkemann, Die evangelischen Kirchen in Berlin. Berlin 1926

W. Wendland, 700 Jahre Kirchengeschichte Berlins. Berlin 1930

A. Hach, Alt-Berlin im Spiegel seiner Kirchen. Berlin 1933

W. Boeck und H. Richartz (Hrsg.), Alte Berliner Kirchen. Berlin 1937

W. Wendland, Von alten Berliner Kirchen und vergangenem kirchlichen Leben. Berlin o. J. (1937)

H.-H. Möller, Dome, Kirchen und Klöster in Brandenburg und Berlin. Frankfurt/Main 1961

J. Boeckh, Alt-Berliner Kirchen. Berlin (West) 1975

G. Kühne und E. Stephani, Evangelische Kirchen in Berlin. Berlin (West) 1978

3. Literatur zu einzelnen Kirchenbauten

J. Kurth, Die Altertümer der St. Nikolai-, St. Marien- und Klosterkirche zu Berlin. Berlin 1911

P. Torge, St. Nikolai und seine Tochtergemeinden. Berlin 1927

G. Leh, Die St. Nikolai-Kirche zu Berlin. Berlin 1961

M. Scherer, Die Marienkirche zu Berlin. Berlin 1947

G. Leh, Die St.-Marien-Kirche zu Berlin. Berlin 1957

M. Tosetti, St. Marien zu Berlin. Berlin 1973

E. Badstübner, Die Marienkirche zu Berlin. Berlin [2]1975

E. und S. Badstübner u. a. (Hrsg.), Die Berliner Marienkirche und ihre Kunstwerke. Berlin 1975

G. Bronisch, Die Franziskaner-Klosterkirche in Berlin. Dissertation. Mitteilungen des Vereins für die Geschichte Berlins, 50. Jahrgang, 1933, Heft 4

K. Koziol, Kleine Chronik der St.-Petri-Kirche zu Berlin. Berlin 1965

J. Kritzinger, Der Königliche Dom zu Berlin. Berlin 1911

C. W. Schümann, Der Berliner Dom im 19. Jahrhundert. Berlin (West) 1980

K.-H. Klingenburg, Der Dom zu Berlin. Berlin 1982

A. Geyer, Geschichte des Schlosses zu Berlin. Berlin 1936

H. Endres, Die St.-Hedwigs-Kathedrale in Berlin. Leipzig 1963

S. Badstübner-Gröger, Die St.-Hedwigs-Kathedrale zu Berlin. Berlin 1976

G. Wiederanders, Die Kirchenbauten Karl Friedrich Schinkels. Berlin 1981

S. Badstübner-Gröger, Der Französische Dom zu Berlin. Berlin 1984

Personen-Register

BERLIN
im Jahre 1861

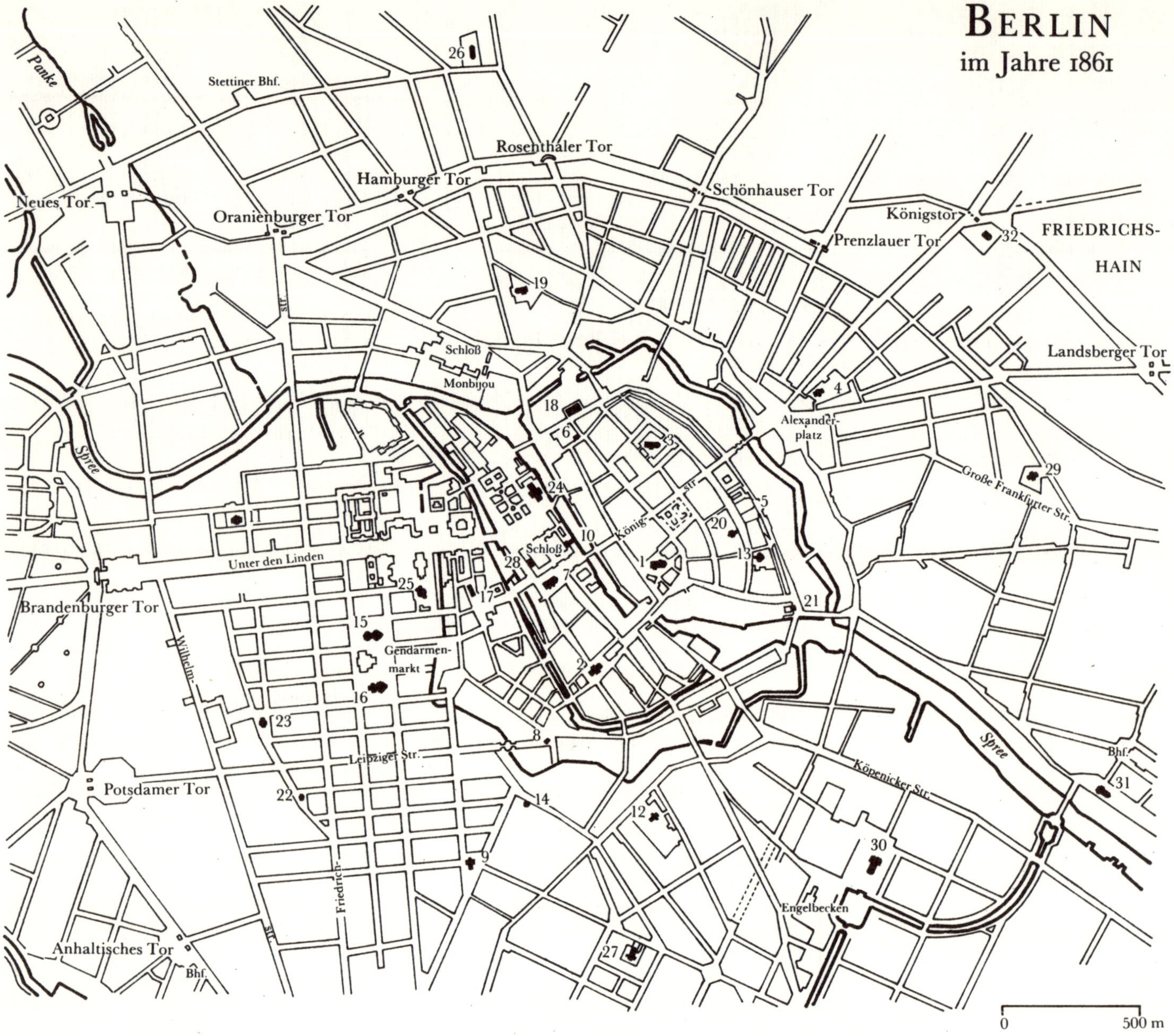

1.
Nikolaikirche

2.
Petrikirche

3.
Marienkirche

4.
Georgenkirche

5.
Franziskanerklosterkirche

6.
Heiliggeistkapelle

7.
Domkirche auf dem Schloßplatz
(Dominikanerklosterkirche)

8.
Gertraudenkirche

9.
Jerusalemer Kirche

10.
Erasmuskapelle im Schloß

11.
Dorotheenstädtische Kirche

12.
Luisenstädtische Kirche

13.
Parochialkirche

14.
Französische Kirche in der
Kommandantenstraße

15.
Französische Friedrichstadtkirche auf
dem Gendarmenmarkt

16.
Deutsche Friedrichstadtkirche auf dem
Gendarmenmarkt

17.
Friedrichswerdersche Kirche

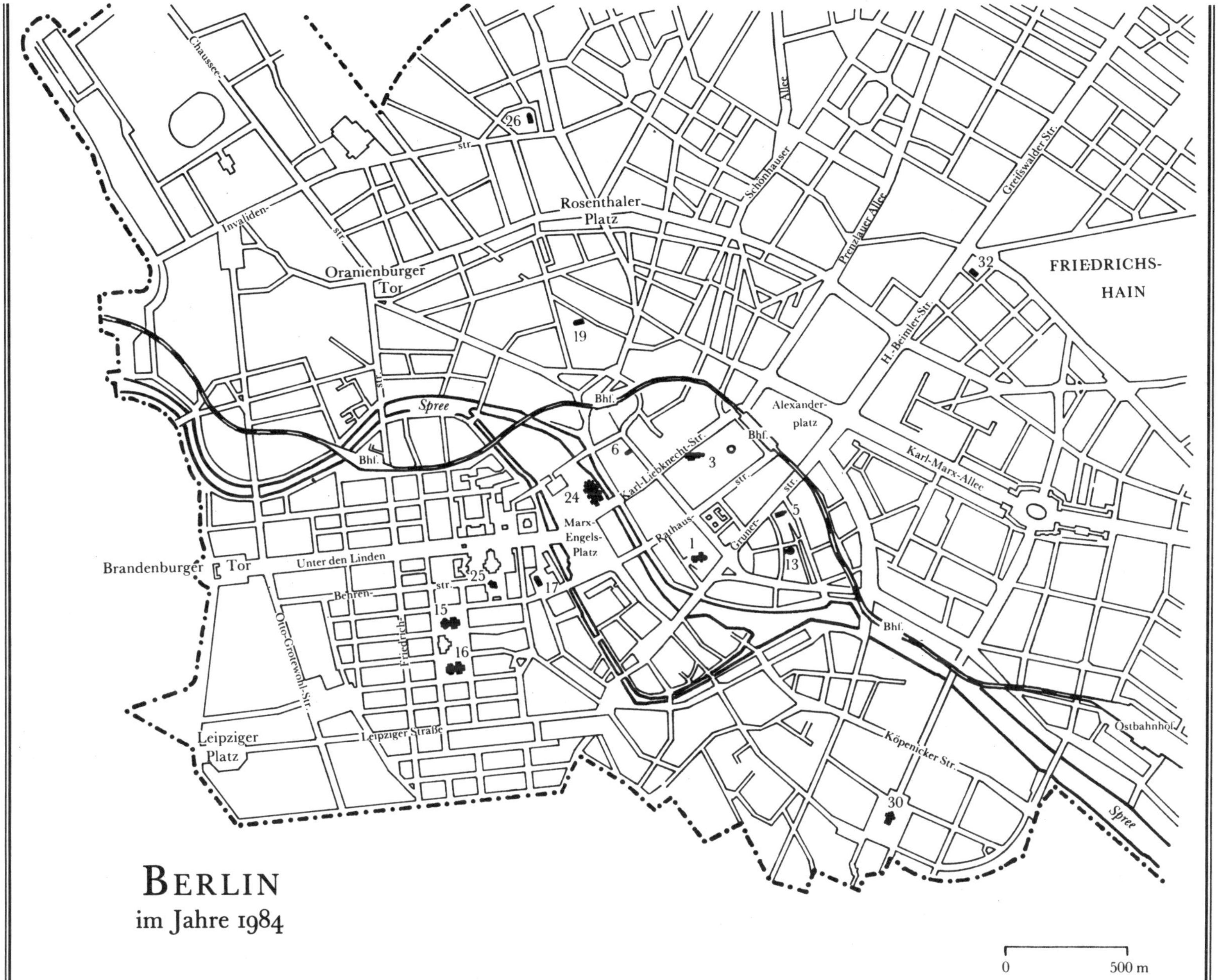

BERLIN
im Jahre 1984

18.
Garnisonkirche

19.
Sophienkirche

20.
Französische Kirche in der Klosterstraße

21.
Waisenhauskirche

22.
Bethlehemskirche

23.
Dreifaltigkeitskirche

24.
Domkirche am Lustgarten

25.
Hedwigskirche

26.
Elisabethkirche

27.
Jakobikirche

28.
Neue Schloßkapelle

29.
Markuskirche

30.
Michaelkirche

31.
Andreaskirche

32.
Bartholomäuskirche

235,-

Quellennachweis für die Kirchengrundrisse

1. Berlin und seine Bauten, Bd. II und III, Berlin 1896: Nikolaikirche (Abb. 117, S. 143), Klosterkirche (Abb. 122, S. 148), Parochialkirche (Abb. 123, S. 150), Hedwigskirche (Abb. 127, S. 155), Werdersche Kirche (Abb. 131, S. 159), Dreifaltigkeitskirche (Abb. 132, S. 159), Garnisonkirche (Abb. 133, S. 159), Jerusalemer Kirche (Abb. 139, S. 160), Markuskirche (Abb. 140, S. 160), Petrikirche (Abb. 141, S. 160), Michaelkirche (Abb. 143, S. 160), Georgenkirche (Abb. 167, S. 174), Alter Dom (Abb. 206, S. 202), Neuer Dom (Abb. 207, S. 203).
2. Berlin und seine Bauten, Berlin 1877: Neue oder Deutsche Kirche (Abb. 28, S. 122)
3. Albert Geyer, Geschichte des Schlosses zu Berlin, Erster Band, Berlin 1936: Dominikanerklosterkirche (Abb. 14), Erasmuskapelle (Abb. 47)
4. Paul Ortwin Rave, Berlin in der Geschichte seiner Bauten, Berlin ^{3}1976: Marienkirche (S. 42)
5. Karl Friedrich Schinkel, Sammlung architektonischer Entwürfe: Elisabethkirche (Heft 23, Blatt 137)
6. Friedrich August Stüler, Die Bartholomäuskirche, um 1860: Stahlstich von Ernst Jättnig, Ausschnitt (siehe Abb. 165)

Die Umzeichnung der Grundrisse besorgte Hans-Ulrich Herold, Halle.

Quellennachweis für die Karten

1. Berlin im Jahre 1861: Situationsplan der Haupt- und Residenzstadt Berlin mit nächster Umgebung im Maßstab 1:6 250, Verlag von Simon Schropp & Comp., Berlin 1861
2. Berlin im Jahre 1984: Buchplan Berlin, Hauptstadt der DDR, Maßstab ca. 1:25 000, VEB Tourist Verlag, Berlin/Leipzig 1982

Die Karten zeichnete Bernd Fischer, Berlin.